BEI GRIN MACHT SICH I
WISSEN BEZAHLT

Bibliografische Information der Deutschen Nationalbibliothek:

Die Deutsche Bibliothek verzeichnet diese Publikation in der Deutschen National-
bibliografie; detaillierte bibliografische Daten sind im Internet über http://dnb.d-
nb.de/ abrufbar.

Impressum:

Copyright © 2013 GRIN Verlag, Open Publishing GmbH
Druck und Bindung: Books on Demand GmbH, Norderstedt Germany
ISBN: 9783668234741

Dieses Buch bei GRIN:

http://www.grin.com/de/e-book/324325/bildungsexpansion-und-bildungsungleichheit

Anonym

Bildungsexpansion und Bildungsungleichheit

Empirische Daten und Erklärungsansätze zu herkunftsbedingten Bildungschancen im deutschen Bildungssystem

GRIN Verlag

GRIN - Your knowledge has value

Der GRIN Verlag publiziert seit 1998 wissenschaftliche Arbeiten von Studenten, Hochschullehrern und anderen Akademikern als eBook und gedrucktes Buch. Die Verlagswebsite www.grin.com ist die ideale Plattform zur Veröffentlichung von Hausarbeiten, Abschlussarbeiten, wissenschaftlichen Aufsätzen, Dissertationen und Fachbüchern.

Besuchen Sie uns im Internet:

http://www.grin.com/

http://www.facebook.com/grincom

http://www.twitter.com/grin_com

TU Darmstadt

Institut für Soziologie

Bachelorthesis

Bildungsexpansion und Bildungsungleichheit. Empirische Daten und Erklärungsansätze zu herkunftsbedingten Bildungschancen im deutschen Bildungssystem.

Inhalt

1 Einführung

Spätestens mit Beginn der PISA Studien im Jahre 2000 ist in Deutschland sowohl die bildungspolitische als auch die öffentliche Debatte um mangelnde Chancengleichheit des deutschen Bildungssystems wieder in den Mittelpunkt der Diskussionen gerückt. Die zuvor Ende der 50er gestellten Forderungen nach schichtübergreifender Gleichheit der Bildungschancen verstummten infolge wirtschaftlicher Unsicherheiten, der aufkommenden Massenarbeitslosigkeit und der quantitativen Zunahme an höheren Bildungsabschlüssen (vgl. Geißler 1994, 116).

Ab den 1960er Jahren beklagte man die defizitäre Bildungsbeteiligung in Deutschland im öffentlichen Diskurs, da man deshalb in volkswirtschaftlichen Rückstand zu anderen Gesellschaften gerate. Die damaligen sozial ungleichen Zugangschancen zu höherer Bildung waren für Dahrendorf (1965) Grund „Bildung als Bürgerrecht" zu fordern. Allerdings stand im Gegensatz zu anderen Kritikern nicht die wirtschaftliche Wettbewerbsfähigkeit Deutschlands in dessen Fokus, sondern er betrachtete die Bildung als „Grundvoraussetzung für Entstehung und Garantie einer demokratischen Gesellschaft mündiger Bürger" (Becker 2006, 28)

Was heute im allgemeinen Diskurs als Bildungsexpansion bezeichnet wird, ist die von der Wirtschaft und Bildungspolitik initiierte Entwicklung des Bildungssystems seit den 1950er Jahren in Deutschland. In dieser Zeit ist der quantitative Anteil an höheren Bildungsabschlüssen enorm gestiegen. Dahrendorf prognostizierte durch diese quantitative Zunahme an höheren Abschlüssen vor allem bildungsferner Schichten eine Modernisierung der Gesellschaft, die mit einer allgemeinen Mündigkeit einhergehe, die zwangsläufig eine Verringerung der Bildungsungleichheiten bewirke. Ebenso wirke infolge von Reformmaßnahmen des Bildungswesens die Mobilisierung von Bildungsreserven der sozial ungleichen Bildungsbeteiligung entgegen und die gesellschaftliche Durchlässigkeit werde erhöht.

Das Prinzip der Chancengleichheit ist spätestens seit der Bildungsexpansion eine Maxime für die Bildungspolitik in Deutschland. Deshalb lag auch ein Hauptaugenmerk der Bildungsreformen der 1960er Jahre darauf, Rahmenbedingungen zu schaffen, die dafür Sorge trugen, dass „weder das strukturelle Angebot an Bildungsgelegenheiten noch sozialstrukturelle Eigenschaften von Schulkindern und ihres Elternhauses systematische Einflüsse auf Bildungsverlauf und Erwerb von Bildungszertifikaten haben" (ebd.). Mit der Ausdehnung des sekundären sowie tertiären Bildungswesens und mit den institutionellen Reformen sind auch institutionelle, ökonomische und geographische Barrieren beim

Bildungszugang zum größten Teil abgeschafft worden. Damit einher ging die Verringerung von Chancenungleichheiten nach sozialstrukturellen Merkmalen. Insbesondere ist hier die extreme Bildungsbenachteiligung der Mädchen zu nennen, die sich im Zuge der Bildungsexpansion wandelte und mittlerweile sogar zu einer leichten Ungleichheit zu Ungunsten der Jungen geworden ist (vgl. Allmendinger, Ebner und Nikolai 2010, 56-57)

Soziologische Evaluationen legen uns allerdings den Schluss nahe: Trotz aller Verbesserungen und Errungenschaften müssen wir heute feststellen, dass die Ziele der Reformbemühungen der 1960er und 1970er Jahre zumindest im Falle der Herstellung von Chancengleichheit durch Bildung nicht erreicht wurden. Zwar führte die Bildungsexpansion zu einer quantitativen Zunahme der Bildungsbeteiligung und Höherqualifizierung in der Bevölkerung, aber die Zugangschancen sind schichtübergreifend gestiegen. So konnten Arbeiterkinder und andere Zielgruppen der Bildungsreformen ihren Zugang zum Gymnasium verbessern, aber auch die Chancen der mittleren und oberen Berufsgruppen sind simultan gestiegen. Allein bei den Zugangschancen zum Besuch der Realschule kam es zu einer Angleichung zwischen den Sozialschichten. Dagegen konnte sich die Chancenumverteilung zwischen den Sozialschichten in den anderen Bereichen des Bildungssystems nicht derart nivellieren. Dies äußert sich darin, dass der Übergang in das Gymnasium sowie daran anknüpfende Bildungs- und Arbeitsmarktchancen erheblich an die soziale Herkunft gebunden sind.

Die Ende der 1950er Jahre einsetzende Bildungsexpansion hat also zu einer erhöhten Bildungsbeteiligung aller Sozialschichten geführt, allerdings wurde der von Dahrendorf erwartete umfassende Abbau sozialer Ungleichheit von Bildungschancen durch diese gestiegene Bildungsbeteiligung nicht erreicht. Da das Bildungssystem heute mehr denn je eine statuszuweisende Funktion besitzt und ein sozial selektiver Zugang besteht, wird über die Vergabe von Zertifikaten legitimiert, weitestgehend die soziale Position produziert und auch reproduziert.

Primäres Ziel dieser Arbeit soll es sein, wesentliche Gründe und Ursachenkomplexe für die immer noch vorherrschende Chancenungleichheit im deutschen Bildungssystem zu benennen. In den ersten Schritten wird hierbei genauer auf die Bildungsexpansion eingegangen, um die quantitativen Veränderungen im deutschen Bildungssystem seit Ende der 1950er Jahre nachvollziehen zu können. Außerdem werden Zahlen und Fakten zur aktuellen Situation im Hinblick auf verschiedene soziokulturelle Merkmale dargestellt, anhand derer die Bildungsungleichheit beschrieben werden soll. Anschließend wird genauer auf die Ergebnisse der PISA-Studie eingegangen, um anhand dieser

Erkenntnisse zum einen die Chancenungleichheit des deutschen Bildungssystems näher zu beleuchten, zum anderen aber auch das Bildungssystem selbst in Vergleich mit den anderen OECD-Staaten zu setzen. Daraufhin werden jedoch auch Einwände an den PISA-Studien von Richard Münch (2009) dargelegt, denn es ist unbedingt darauf hinzuweisen, dass die PISA-Studien keineswegs eine unumstrittene Untersuchung eines objektiven Sachverhalts darstellen. Das darauffolgende Kapitel behandelt vorrangig zwei Erklärungsansätze für die sozial selektive Bildungsbeteiligung sowie Leistungsunterschiede im Bildungssystem. Zum einen ist dies der makrosoziologische Ansatz nach Weber und Bourdieu, zum anderen das unter anderem auf Boudon und Goldthorpe zurückzuführende mesosoziologische Modell: die Rational-Choice-Theorie. Abschließend werden in einem Fazit die empirischen Daten und die Ursachenkomplexe noch einmal zusammenfassend aufgegriffen, um daraufhin mögliche Strategien zu entwickeln, die Bildungsungleichheit in Deutschland zu verringern.

2 Veränderungen im Bildungssystem

2.1 Quantitative Beschreibungen der Bildungsexpansion

Zwecks strukturellen Ausbaus des Bildungssystems wurden die Ausgaben des öffentlichen Haushalts für dieses erhöht. So betrug der Anteil an Bildungsausgaben am Anfang der 1960er Jahre rund 2,7 Prozent der Bruttoinlandprodukts (BIP). Jener stieg dann weiter von Anfang der 1970er bis Anfang der 1980er Jahre auf 5,6 Prozent um dann bis zur Wiedervereinigung 1990 kontinuierlich abzusinken. Nach einer kurzen Anhebung aufgrund der in Ostdeutschland durchgeführten Bildungssystemreformierung lagen die Bildungsausgaben 2004 bei 6 Prozent des BIP und bei fast 10 Prozent aller öffentlichen Gesamtausgaben.

Der Prozess zunehmender Bildungsteilhabe und auch zunehmender Höherbildung ab Ende der 1950er Jahre beschränkt sich aber keineswegs auf die Bundesrepublik Deutschland. Weltweit haben insbesondere die Primarbildung in Dritte Welt Ländern und die Tertiärbildung in den Industriestaaten erheblich zugenommen (dazu genauer: Fend 2006, 202 f.).

Die Abbildung 1 zeigt, welche Auswirkungen durch die erhöhten Ausgaben entstanden. War Anfang der 1950er Jahre die Hauptschule mit einem Anteil von 79 Prozent der 13-jährigen Schulkinder, die nach der Primarstufe auf Erstere übergingen, die meistbesuchte

Schulform des Sekundarbereichs, fiel dieser Anteil bis Mitte der 1960er Jahre auf 66 Prozent, während der Besuch des Gymnasiums von 12 auf 16 Prozent und der der Realschule von 6 auf 13 Prozent stieg. Der Hauptschulbesuch ging in den folgenden Jahren bis 1990 auf einen Anteil von 31 Prozent und bis 2003 weiter auf 23 Prozent zurück. Demgegenüber wuchs der Anteil der 13- jährigen, die im Jahre 1990 das Gymnasium besuchten, auf 31 Prozent und derer, die auf die Realschule übergingen, auf 27 Prozent. Während der Anteil der Gymnasiasten bis 2003 stagnierte, ging der der Realschüler um insgesamt 3 Prozentpunkte auf 24 Prozent zurück. Im Zeitraum von 1971 bis 2000 stieg die Übergangsquote auf eine Gesamtschule auf 10 Prozent. In gleichem Zeitraum ging der Anteil der Schulabgänger, die ohne den Hauptschulabschluss als Mindestqualifikation des deutschen Schulsystems die Schule verließen von 16 auf 9 Prozent zurück (zu Details: siehe Solga und Wagner 2001; Klemm 1991).

Die Bildungsexpansion vollzieht sich also zum größten Teil zwischen den 1960er und 1980er Jahren und stagniert ab 1990 weitestgehend.

Die Gründe für eine derartige Entwicklung sind nicht nur demographische, die Wirtschafts- und Technologieentwicklung oder die sozialstrukturelle Entwicklung, sondern „auch politisch-administrative Regulierungen" (Fend 2006, 204). Demnach sind Zugangschancen in erheblichem Maße auch auf bildungspolitische Maßnahmen zurückführbar, wenn etwa Zugangsberechtigungen dadurch Veränderungen erfahren. Vergleicht man die Bundesländer Hamburg und Bayern miteinander, fällt auf, dass der Zugang zur gymnasialen Bildung verschieden ist: Während 1995 40 Prozent der 18-jährigen Hamburger den gymnasialen Bildungsgang absolvieren, tun dies nur 20 Prozent der Bayern. Auch durch die Erhöhung oder Verringerung persönlicher Kosten für gymnasiale oder universitäre Bildung kann die Beteiligung beeinflusst werden (vgl. ebd.).

Abbildung 1: Bildungsbeteiligung im Wandel – 13-jährige Schulkinder in weiterführenden
Schullaufbahnen der Sekundarstufe I (Westdeutschland, 1952-2003)

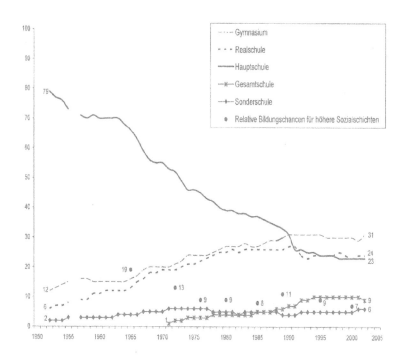

(Becker 2006, 31)

2.2 Geschlechtsspezifischer Wandel

Es gilt bei der quantitativen Beschreibung der Bildungsexpansion die demographischen Entwicklungen vor allem in den ersten zweieinhalb Jahrzehnten zu betrachten. In diesem Zeitraum haben die geburtenstarken Jahrgänge bis in die Mitte der 1960er Jahre einen nicht unerheblichen Beitrag für die absoluten Zuwächse in der Bildungsbeteiligung der 1970er Jahre in Realschulen und Gymnasien geleistet.

Durch eine derartige Analyse lässt sich ca. 25 Prozent des Zuwachses der Schülerzahl an Gymnasien durch die demographische Expansion erklären. Daneben können 28 Prozent der Zunahme auf den gestiegenen Übergang der Jungen auf das Gymnasium zurückgeführt werden. Den größten Beitrag zur Expansion der Schülerzahl an Gymnasien leistet jedoch der verstärkte Übergang von 47 Prozent der Mädchen auf dieses (vgl. Rodax 1989, 169-170).

Im Falle der gestiegenen Schülerzahl an Realschulen ist mit circa 20 Prozent des Zuwachses etwas weniger dem demographischen Faktor geschuldet. Der stärkere Übergang der Jungen fällt hier mit 35 Prozent, die zunehmende Übergangsquote der Mädchen mit 45 Prozent ins Gewicht (vgl. ebd.)

Während der Anteil der Mädchen an allen allgemeinbildenden Schulen relativ konstant geblieben ist, kam es, wie in Tabelle 1 deutlich zu erkennen ist, zu deutlichen Verschiebungen innerhalb der Sekundarstufe I.

Tabelle 1: Anteil der Mädchen in der Sekundarstufe I des allgemeinbildenden Schulbereichs in der Bundesrepublik Deutschland (in Prozent) (Quelle: Statistisches Bundesamt 1952; BMBW 1986; Statistisches Bundesamt 2013)

Schulform	Jahr						
	1950	1960	1970	1980	1985	2002	2011
Volksschule/ Hauptschule	49,3	50,2	49,2	46,4	46,0	43,6	43,7
Realschule	54,1	52,0	52,9	53,6	53,1	50,0	49,2
Gymnasium	40,5	41,1	44,7	50,4	50,9	53,6	52,4

Während der Anteil der Mädchen seit 1960 an Hauptschulen stark zurückgegangen ist und im Jahr 2011 nur noch bei 43,7 Prozent liegt, ist dieser im Falle des Gymnasiums erheblich gestiegen. Alleine zwischen 1960 und 1985 ist eine Zunahme der Schülerinnenzahlen um fast 10 Prozentpunkte im Gymnasium zu verzeichnen. In dieser Zeit verändert sich der Mädchenanteil an Realschulen nur geringfügig. Erst nach 2002 fällt deren Anteil in diesem Bildungsgang auf unter 50 Prozent.

Diese Veränderung im Übergangsverhalten ging dementsprechend auch mit einem geänderten Abschlussverhalten einher (siehe Tabelle 2). Bei den Personen, die im Jahr 1950 die Hochschulreife erlangten, waren die Mädchen mit 32,4 Prozent deutlich unterrepräsentiert. Die Expansion der Beteiligung der Mädchen am gymnasialen Bildungsweg konnte im entsprechenden Maße von diesen auch in Abschlüsse umgemünzt werden, sodass deren Anteil an Abgängern mit Hochschulreife Im Jahr 1985 bei 50 Prozent liegt. Im weiteren Verlauf stieg die Quote sogar noch an und lag 2011 bei 55,3 Prozent. Dieser weitere Anstieg im Gymnasium nach 1985 im Übergangs- sowie im

Abschlussverhalten der Mädchen ging zu einem großen Teil auch mit einer Verringerung des Besuchs der Realschule und entsprechend der Erreichung der mittleren Reife dieser Gruppe einher.

Tabelle 2: Geschlechtsspezifisches Abschlussverhalten der Bundesrepublik Deutschland (in Prozent) (Quelle: Rodax 1989, 171; Statistisches Bundesamt 2013)

Abschluss	Jahr					
	1950	1960	1970	1985	2002	2011
Mittlere Reife	57,3	55,9	51,6	55,0	51,5	49,3
Hochschulreife	32,4	35,5	39,7	50,0	56,7	55,3

Lange Zeit hinkte der Hochschulbesuch der Frauen diesem extremen Aufschwung in der Sekundarstufe I und II hinterher. Der Anteil der weiblichen Studienanfänger an Universitäten betrug 1960 lediglich 30 Prozent und erreichte erst Mitte der 2010 Jahre die 50 Prozent-Marke. Seitdem liegt der Frauenanteil auch bei den Studienanfängern über dem der Männer (siehe Abbildung 2). Das Konsortium Bildungsberichterstattung (2012, 42) stellt ebenfalls fest, dass der steigende Bildungsstand der Bevölkerung überwiegend dem quantitativen Anstieg der Frauen in der höheren Bildung geschuldet ist. Ein Vergleich der Personen mit Hochschulabschluss in der Alterskohorte der 30- bis unter 35-Jährigen mit der Kohorte der 60- bis unter 65-Jährigen bestätigt diese Entwicklung. Im Allgemeinen ist der Anteil an Hochschulabsolventen in ersterer gegenüber letzterer um 7,5 Prozentpunkte – auf 22,5 Prozent – gestiegen. Frauen (23 Prozent) haben in ersterer erstmals häufiger einen Hochschulabschluss als Männer (22 Prozent). Während der Anteil an weiblichen Hochschulabsolventen in der Gruppe der 60- bis unter 65-Jährigen gerade einmal 10 Prozent beträgt, ist dieser im Falle der männlichen Hochschulabsolventen mit 20 Prozent doppelt so hoch. Bei letzteren hat also der Anteil in der Gruppe der 30- unter 35-Jährigen lediglich um 2 Prozentpunkte gegenüber der Kohorte der 60- unter 65-Jährigen (20 Prozent) zugenommen, der Aufschwung der Frauen fällt mit 13 Prozentpunkten eindeutig stärker ins Gewicht (Konsortium Bildungsberichterstattung 2012, 42). Dies macht die Expansion des Frauenanteils im Bildungssystem erneut deutlich. Allerdings ist trotz dieses Aufschwungs eine „horizontale Segregation" (Allmendinger, et al. 2010, 75) zu verzeichnen. Frauen sind sowohl an Fachhochschulen als auch in mathematisch-naturwissenschaftlichen und technischen Fächern unterrepräsentiert (zu verschiedenen Studien siehe beispielsweise Baumert, Lehmann, et al. 1997; Gallagher, et al. 2000; Johnson 1996; Köller und Klieme 2000). Ebenso weisen

Frauen nach ihrer Ausbildung zudem häufig einen geringeren Berufsstatus als Männer auf (vgl. Vester 2006, 36).

Abbildung 2: Studienanfängerquote* 1980 bis 2009** nach Geschlecht und im internationalen Vergleich (in %)

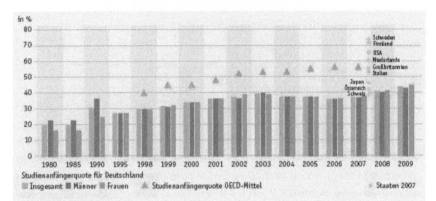

(Konsortium Bildungsberichterstattung 2010)

2.3 Entwicklung von Chancen nach sozialer Herkunft

Im öffentlichen Bewusstsein wurde entgegen der bis vor den PISA-Studien dargestellten empirischen Ergebnisse die Bildungsexpansion als Erreichung einer Chancengleichheit im Bildungssystem aufgefasst (vgl. Friedeburg 1997, 45). Diese Deutung verkenne jedoch „die unterschiedliche Entwicklung relativer Bildungschancen in den einzelnen Bevölkerungsgruppen" (Hadjar/Becker 2006: 31). Jene lässt sich am Beispiel der Beamtenkinder gegenüber den Arbeiterkindern im Zeitverlauf deutlich machen. Im Jahre 1965 hatten Beamtenkinder eine 19-mal höhere Chance als Arbeiterkinder auf das Gymnasium zu wechseln. Zwar verbesserten sich diese Chancen zugunsten der Arbeiterkinder im Laufe der Bildungsexpansion, allerdings waren die der Beamtenkinder im Jahre 1989 immer noch 11-mal so hoch. Auch nach 1989 waren nur noch geringfügige Verringerungen der Bildungsungleichheit festzustellen. Es stiegen eben nicht nur die Chancen der bildungsfernen Schichten, das Gymnasium zu erreichen, sondern auch die der bildungsnäheren Schichten. Bildungschancen müssen deshalb in Relation betrachtet werden, um derartige Fehlurteile wie sie Friedeburg (1997) beschreibt, zu vermeiden.

Es ist also festzuhalten, dass in der Zeit der Bildungsexpansion die traditionellen Bildungsungleichheiten zurückgegangen sind, der Bildungszugang jedoch weiterhin erheblicher Chancenungleichheit ausgesetzt geblieben ist. Im Zuge der Bildungsexpansion ist es natürlich nicht nur zu einem Ausbau der Sekundarstufe gekommen, sondern der Zugang zur Hochschule hat sich vervielfacht. Die Abiturientenquote in Deutschland[1] ist von 6 Prozent im Jahre 1960 auf 24 Prozent im Jahre 2000 gestiegen. Im gleichen Zeitraum ist der Anteil der Personen mit Hochschulreife von 6 auf 37 Prozent angewachsen.

Betrachtet man die Studienanfängerquote für das Universitätsstudium[2] der Jahre 1980 bis 2000, ist mit dem Anstieg von 13 auf 24 Prozent eine ähnlich positive Entwicklung festzustellen. In diesem Zeitraum stieg die Studienanfängerquote der Arbeiterschichten zwar von 5 auf 7 Prozent an, aber im Bezug auf Studienchancen in Relation hatte die Bildungsexpansion keinen signifikanten Einfluss auf die Arbeiterschichten. Hatten im Jahre 1980 Beamtenkinder noch eine 12-mal höhere Chance an einer Universität zu studieren als Angehörige der Arbeiterschichten, stiegen diese Chancen sogar noch, sodass im Jahre 2000 eine 15-mal höhere Chance für Beamtenkinder zu verzeichnen war. Die Studienchancen von Beamtenkindern und anderen bildungsnahen Schichten haben sich also im Zuge der Bildungsexpansion stetig verbessert, während sich die Studienchancen von Arbeiterkindern und anderen bildungsfernen Schichten seit 1980 fast nicht verändert haben. Aus diesem Sachverhalt ergeht die Schlussfolgerung, dass die relativen Gewinne der Arbeiterschicht im Übergang auf die Sekundarstufe I sich von diesen nicht auf den Übergang in den tertiären Bereich ummünzen ließen. Müller und Pollak (2004) sind der Meinung, dass es weitgehende Disparitäten in der Beurteilung des Abiturs zwischen den Sozialschichten gibt. Demnach betrachten vor allem untere Sozialschichten das Abitur als „omnipotente Option, die alle Möglichkeiten für eine weiterführende Ausbildung offen hält, während mittlere und höhere Sozialschichten das sofortige Studium als primäres Ziel ansehen" (Becker 2006, 35).

Zusammenfassend kann man also sagen, dass die Bildungsexpansion – gemessen an der Bildungsbeteiligung – zu einer Ausdehnung der sekundären und tertiären Bildung geführt hat, eine Verminderung von Chancenungleichheit jedoch nicht wirklich stattgefunden hat. Die Bildungschancen sozial schwacher Gruppen haben sich zwar in der sekundären Schulausbildung deutlich verbessert, aber Bildungsungleichheiten im

---

1 Prozentualer Anteil der Schulabgänger mit allgemeiner Hochschulreife aus allgemeinbildenden Schulen an der 19- bis 20-jährigen Wohnbevölkerung (am Jahresende).
2 Relativer Anteil der Studienanfänger an der 18- bis 22-jährigen Wohnbevölkerung ohne Studienbeginn an Fachhochschulen.

Zugang zur tertiären Bildung haben sich für Nachkommen der Arbeiterschichten sogar noch vertieft.

3 Bildungsungleichheit in Deutschland

War vor wenigen Generationen die Erwerbsarbeit für Jugendliche noch charakteristisch, hat sich dieses Bild im Zuge der Bildungsexpansion bis heute zugunsten einer immer länger andauernden schulischen Ausbildung gewandelt. In entsprechendem Maße wie Qualifikationsanforderungen im Beschäftigungssystem gestiegen sind, entscheidet auch der individuelle Schulerfolg beziehungsweise das Schulversagen über die Platzierung in der Sozialstruktur. Mit dieser Platzierung gehen mittelbar Privilegien wie Einkommen, Prestige oder Einfluss einher. Der formalen Bildung ist damit über die Bildungsexpansion eine statuszuweisende Funktion zugekommen, die einen direkten Einfluss auf die Lebenschancen der Individuen hat. Die „lebensgeschichtliche Aufschiebung des Übergangs in die Erwerbstätigkeit" (Hurrelmann und Wolf 1986, 5) ist dabei weitestgehend durch das ökonomische Feld und dessen gestiegene Anforderungen verursacht.

Mit den gestiegenen Bildungschancen ist allerdings auch ein Verdrängungsprozess einhergegangen. Demnach geht Jugendlichen, die etwa ohne einen Abschluss das Bildungssystem verlassen und damit die wenigsten Chancen auf eine Arbeitsstelle haben, das womöglich wichtigste Instrument gesellschaftlicher Integration verloren. Unter dem Druck von Realschulabsolventen oder Abiturienten werden aber auch Hauptschulabsolventen aus qualifizierten kaufmännischen, Verwaltungs- und technischen Berufen in handwerkliche Berufe gedrängt. Höhere Bildung ist deshalb zunehmend Voraussetzung für Erwerbsmöglichkeiten oder Ausbildungsgänge, bei denen früher eine geringere Bildung ausreichend war. Aufgrund dessen befindet sich heute mehr denn je ein großer Teil der Hauptschulabsolventen oder der Personen ohne schulischen Abschluss im Übergangssystem wieder (vgl. Enggruber 2011).

Die Entwicklungen der Bildungsexpansion spiegeln sich - anhand erreichter Bildungsabschlüsse - wie zu erwarten in einem erhöhten Bildungsstand der Bevölkerung wider. Diese erhöhten Bildungsstände befähigen zu weiterführenden Ausbildungsgängen und bestimmen maßgeblich berufliche Karrieren sowie die gesellschaftliche Teilhabe. Im letzten Jahrzehnt ist der Bildungsstand der Bevölkerung nochmals gestiegen. Ein Kohortenvergleich zwischen zwei Altersgruppen bestätigt diese Annahme. In der Gruppe der 30- bis unter 35-Jährigen Personen verfügen 41 Prozent über eine Hochschulreife, während weniger als die Hälfte der 60- bis unter 65-Jährigen (20 Prozent) diese besitzt (Konsortium Bildungsberichterstattung 2012, 42). Wie bereits angemerkt ist diese Entwicklung insbesondere dem Anstieg des Bildungsstands der Frauen geschuldet.

Auffällig in der Gruppe der 30- bis unter 35-Jährigen ist auch die Tatsache, dass der Anteil der Personen mit Hochschulreife mit 41 Prozent fast doppelt so hoch ist wie der Anteil der Absolventen mit Hochschulabschluss. Trotz Studienberechtigung ist also ein großer Teil dieser Alterskohorte nicht auf die Hochschule übergegangen oder hat das Studium nicht erfolgreich abgeschlossen.

Vergleicht man den Anteil der Männer und Frauen ohne beruflichen Abschluss zwischen den Kohorten, ergibt sich ein gegenläufiges Verlaufsmuster. In der Gruppe der 30- bis unter 35-Jährigen ist der Anteil der Personen ohne beruflichen Abschluss zwischen Männern und Frauen annähernd gleich verteilt. Während allerdings in dieser Gruppe der Anteil der Frauen ohne beruflichen Abschluss gegenüber der Altersgruppe der 60- bis unter 65-Jährigen um rund sieben Prozentpunkte abgenommen hat, ist der Anteil der Männer ohne beruflichen Abschluss in der Gruppe der 30- bis unter 35-Jährigen gegenüber der Alterskohorte der 60- bis unter 65-Jährigen um rund sechs Prozentpunkte gestiegen. Seit 2010 hat der Anteil der Männer ohne beruflichen Abschluss sogar nochmals leicht zugenommen.

Die Disparitäten im deutschen Bildungswesen abzubilden ist jedoch nicht ganz so trivial wie die allgemeine oder geschlechtsspezifische quantitative Zunahme an höheren Bildungsabschlüssen anhand amtlicher Statistiken zu beschreiben, da es - wie auch im internationalen Vergleich - kein einheitliches Bildungswesen gibt. Deutschland ist ein föderalistischer Staat, in dem die Kulturhoheit den Stadtstaaten und den Ländern vorbehalten ist (vgl. Niemann 2010, 61 f). Demnach unterscheiden sich die Bildungswesen in manchen Aspekten etwas weniger in manchen etwas mehr. Allerdings sind die Stufen und damit die horizontale Gliederung des Schulsystems im gesamten deutschen Bildungssystem gleich. Nach dem vorschulischen Bereich (meist auf freiwilliger Basis) umfasst der Primarbereich die ersten vier oder sechs Pflichtschuljahre. Gemäß dem horizontal gegliederten Schulsystem schließt an den Primarbereich die Zuweisung auf unterschiedliche Schulformen an. Das Selektionsprinzip stellt hierbei primär das prognostizierte Leistungsvermögen der Schülerinnen und Schüler dar. [Das Grundmotiv eines gegliederten Schulsystems liegt in der Erzeugung homogener Lerngruppen, die aus Schülerinnen und Schülern mit vergleichbarer Leistungsfähigkeit bestehen]. Der Wechsel auf eine Gesamtschule stellt dabei einen weiteren Schultypus dar, in welcher eine interne

Leistungsdifferenzierung stattfindet. Die nach der Primarstufe - und mit der Lehrerempfehlung beschlossene Entscheidung des Übergangs auf die jeweilige Schulform - anschließende Sekundarstufe I reicht bis zur 10. Klasse und kann mit einem mittleren Abschluss beendet werden. Zur Sekundarstufe II zählt neben der Oberstufe im Gymnasium auch die Berufsausbildung. Der Tertiärbereich, also der Besuch einer Hoch- bzw. Fachhochschule ist seit Mitte der 1990er Jahre nicht mehr nur Personen mit Fachhochschul- oder allgemeiner Hochschulreife vorbehalten, sondern eine abgeschlossene Berufsausbildung berechtigt ebenfalls zum Zugang. Im Folgenden Kapitel soll daher das deutsche Bildungssystem beziehungsweise sollen die verschiedenen deutschen Bildungswesen grob skizziert und auch jüngere Entwicklungen dargelegt werden.

3.1 Zahlen und Fakten

3.1.1 Verteilung der Schülerinnen und Schüler

Für einen ersten Überblick der Struktur der verschiedenen Bildungswesen und die absoluten sowie prozentualen Zahlen der Verteilung der Schülerinnen und Schüler auf die jeweiligen Bildungsgänge in der Sekundarstufe I in Deutschland dient Tabelle 3 im Anhang.

Es ist zu erkennen, dass sich die einzelnen Bildungswesen voneinander unterscheiden. In der Bundesrepublik Deutschland ist die Kulturhoheit qua föderalistischer Staatsstruktur den 16 Bundesländern vorbehalten und deshalb ist auch kein national einheitliches Bildungssystem gegeben. Das deutsche Bildungswesen ist somit multizentral organisiert. Der Aufbau des deutschen Bildungswesens ist in seinen Grundzügen gleich[3], variiert zwischen den Bundesländern in einigen Aspekten allerdings[4]. Auch die Föderalismusreform von 2006 hatte keine wesentliche Änderung des Kompetenzgefüges zur Folge (vgl. Niemann 2010, 61). Insbesondere in den letzten Jahren waren Schulreformen für weitere Veränderungen verantwortlich. In den Stadtstaaten Hamburg und Bremen wurden beispielsweise im Zuge der Neuregelungen die Haupt- und Realschulen zugunsten einer steigenden Schülerzahl in den integrierten Gesamtschulen abgeschafft. Auch im dritten Stadtstaat Berlin ist eine ähnliche Entwicklung zu beobachten. Die Haupt- und Realschulen weichen hier den integrierten Gesamtschulen oder dem Pilotprojekt „Gemeinschaftsschule" (siehe: Berlin.de 2012).

In den neuen Bundesländern wechseln annähernd so viele Personen auf Schularten mit mehreren Bildungsgängen wie auf das Gymnasium. In Mecklenburg-Vorpommern übersteigt der Anteil derer, die auf diese Schulart wechseln den Anteil der Gymnasiasten sogar deutlich. In Stadtstaaten scheinen die integrierten Gesamtschulen vor allem im Gegensatz zu den neuen Bundesländern um einiges populärer zu sein.

Bemerkenswert ist auch die hohe Quote der Schülerinnen und Schülern in den Förderschulen in den neuen Bundesländern. Diese liegt deutlich über dem bundesdeutschen Durchschnitt. Allerdings ist der Schüleranteil in Förderschulen seit dem Jahr 1992 in allen neuen Bundesländern sowie den Stadtstaaten Hamburg, Berlin und

---

3 Die mehr oder weniger gegebene Einheitlichkeit des deutschen Bildungswesens in Grundzügen, Inhalten und Abschlüssen ist nur in geringen Maßen auf zentralstaatliche Regelungen zurückzuführen. Zum größten Teil ist hierfür die Absprache zwischen den Kultusverwaltungen, mittels ihres Koordinierungsorgans: der Kultusministerkonferenz (KMK), verantwortlich. Während also der Einfluss und die Mitwirkungsmöglichkeiten der Bundesregierung stark begrenzt sind, ist der Einflussbereich der Länder ausgeprägt. Demgegenüber sind Gestaltungsmöglichkeiten auf der Ebene der Gemeinden äußerst gering. Den Schulen an sich werden allerdings zunehmend Handlungsspielräume gewährt, die jedoch durch staatliche Regelungen eindeutig limitiert sind. Man kann also zusammenfassend sagen, dass das Bildungswesen auf gesamtstaatliche Ebene weitestgehend dezentralisiert, auf Landesebene jedoch deutlich zentralisiert ist (vgl. Leschinsky und Cortina 2008, 27).
4 Neben der Förderschule kann die Sekundarstufe I aus bis zu fünf getrennten Schularten nebeneinander bestehen (Gesamtschule, Gymnasium, Realschule, Hauptschule, Schule mit mehreren Bildungsgängen). Nicht in allen Bundesländern sind alle Schularten vorhanden. Manche Bundesländer verfügen über keine Gesamtschulen, andere über keine selbständigen Hauptschulen, sondern - mit verschiedenen Bezeichnungen - über vereinigte Haupt- und Realschulen (vgl. ebd., 25).

Bremen rückläufig, während in den alten Ländern mit Ausnahme von Schleswig-Holstein dort die Schülerzahlen von 1992 bis 2003 erheblich gestiegen sind (Nordrhein-Westfalen: +25 %; Bayern: +33 %; Saarland: +40 %; Rheinland-Pfalz: 40%; Niedersachsen: +43 %; Hessen: +48%) (vgl. Statistisches Bundesamt 2012). Seit 2003 sind diese Zahlen ebenfalls rückläufig, aber in den meisten Fällen noch weit entfernt vom Stand des Jahres 1992. Jedoch ist bei diesen Entwicklungen erneut der demographische Faktor unbedingt zu beachten. Insbesondere in den neuen Bundesländern einschließlich Berlin ist die Anzahl der Schülerinnen und Schüler erheblich zurückgegangen. Im Zeitraum von 1992 (2.436.470) bis 2003 (1.684.584) um insgesamt 30 Prozent. Bis zum Schuljahr 2011/2012 (1.355.003) sind die Schülerzahlen um über 20 weitere Prozentpunkte gesunken, sodass diese zwischen 1992 und 2011 um insgesamt 55 Prozent zurückgegangen sind. Im Gegensatz dazu hat es im früheren Bundesgebiet einen Aufschwung der gesamten Schülerzahlen zwischen 1992 (6.907.894) und 2003 (8.042.450) um 16 Prozent gegeben, die aber in den folgenden Jahren bis 2011 kontinuierlich auf 7.323.193 (-9 Prozent) zurückgegangen sind. Gemessen an den absoluten Schülerzahlen ist der Anteil der Schülerinnen und Schülern an den Förderschulen im alten Bundesgebiet etwas angestiegen, in den neuen Bundesländern dagegen sogar erheblich angewachsen (vgl. ebd.). [Schülerinnen und Schüler, die an einer sonderpädogogischen Förderung teilnehmen, treten aus einer (statistisch) normalen Bildungskarriere aus, was sich in erheblichen Nachteilen in der Erreichung eines (höherwertigen) Bildungsabschlusses widerspiegelt und sich damit dementsprechend auf die allgemeinen Lebenschancen auswirkt (vgl. Diefenbach 2007, 64).]

Die angesprochenen sinkenden Bildungsteilnehmerzahlen - insbesondere in den neuen Bundesländern einschließlich Berlin – haben bereits im Schuljahr 2010/2011 einen neuen Tiefstand erreicht (vgl. Konsortium Bildungsberichterstattung 2012, 40). Während demographiebedingt ein stetiger Rückgang im Primarbereich sowie der Sekundarstufe I zu verzeichnen ist, sind im Tertiärbereich jedoch - aufgrund geburtenstarker Jahrgänge in den 1990er Jahren in Westdeutschland und wegen des geänderten Bildungsverhaltens - die Teilnehmerzahlen gestiegen. Ebenfalls hat die geänderte Regelung zur Wehrpflicht einen erheblichen Einfluss auf den Tertiärbereich gehabt. Im internationalen Vergleich hinkt Deutschland dem EU-Durchschnitt im Falle des Bildungsstandes hinterher (nicht zuletzt, da die allgemeine positive Entwicklung vorwiegend vom Aufschwung des weiblichen Bevölkerungsanteils getragen wurde). Seit dem Jahr 2000 hat im EU-

Durchschnitt eine Steigerung des Anteils der Personen mit tertiärem Abschluss[5] in der Alterskohorte der 30- bis unter 35-Jährigen um 11 Prozentpunkte auf 34 Prozent im Jahr 2010 stattgefunden. In Deutschland war ein weit geringer Aufschwung zu verzeichnen, sodass sich der Anteil der Personen mit tertiärem Abschluss in der Gruppe der 30- bis unter 35-Jährigen im Jahr 2010 auf 30 Prozent beläuft (Konsortium Bildungsberichterstattung 2012, 44).

Aus den Statistiken des statistischen Bundesamts ergehen unter anderem ebenfalls für das Schuljahr 2011/2012 die allgemeinen Erkenntnisse:

- Mädchen sind an Haupt- und Förderschulen deutlich unterrepräsentiert. An Hauptschulen beträgt ihr Anteil 43,7 Prozent, an Förderschulen sogar nur 36 Prozent.

- Der Anteil der Ausländer, die die Hauptschule oder die Förderschule besuchen ist mit 36 Prozent erheblich höher als der Anteil der Deutschen (16 Prozent). Auf das Gymnasium gehen dagegen 44 Prozent der deutschen, aber nur 22 Prozent der ausländischen Schülerinnen und Schüler. Ausländer sind also an Realschulen, besonders aber an Gymnasien unterrepräsentiert (siehe dazu auch: Bundesamt für Migration und Flüchtlinge 2008, 21 ff). Auch innerhalb der Gruppe der Ausländer fällt die geschlechtsspezifische Verteilung ähnlich aus. In den Hauptschulen bilden die ausländischen Mädchen (gemessen an den ausländischen Schülern) einen Anteil von 45,5 Prozent, an Förderschulen stellen diese einen Anteil von lediglich 38,7 Prozent.

Dementsprechend fällt auch das Abschlussverhalten aus:

- Ausländer sind bei dem Anteil der Personen, die das deutsche Bildungssystem mit einem Hauptschulabschluss (35,5 Prozent) oder sogar ohne einen Hauptschulabschluss (11,8 Prozent) als Mindestqualifikation verlassen, deutlich überrepräsentiert. Im Falle der Abgänger mit allgemeiner Hochschulreife ist diese Gruppe mit knapp 15 Prozent entsprechend unterrepräsentiert. Der Anteil der deutschen Schülerinnen und Schüler, der die Schullaufbahn mit der allgemeinen

---

5 Zum tertiären Abschluss zählen dabei in Deutschland, die an die Sekundarstufe II anschließenden Abschlüsse in: „Universitäten, Pädagogischen Hochschulen, Theologischen Hochschulen, Kunsthochschulen, Fachhochschulen, Fachschulen, Fachakademien (Bayern), Berufsakademien, Verwaltungsfachhochschulen, 2- oder 3-jährige Programme in Gesundheits- und Sozialberufen bzw. Erzieherausbildung (an Berufsfachschulen bzw. Schulen des Gesundheitswesens)" (Konsortium Bildungsberichterstattung 2012, X).

Hochschulreife verlässt, beläuft sich dagegen auf über 35 Prozent eines Jahrgangs.

- Wie auch schon Allmendinger et al. (2010) konstatieren, liegt der Anteil der Mädchen, die von Bildungsarmut betroffen sind – also keinen Hauptschulabschluss aufweisen können – mit 39 Prozent unverkennbar unter dem der Jungen.

3.1.2 Schülerinnen und Schüler mit Migrationshintergrund

Was allerdings nicht aus den Daten des statistischen Bundesamts ergeht, ist der Einfluss des sozialen Hintergrunds (dazu genauer Kapitel 3.2) auf den Bildungserfolg, da in der amtlichen Bildungsstatistik lediglich nach Geschlecht oder Staatsangehörigkeit differenziert wird. Personen aus zugewanderten Familen, die aber deutsche Staatsangehörige sind, werden nicht erfasst (vgl. Stanat 2006, 189). Das Konzept der sozialen Herkunft, unter anderem auch des Migrationshintergrundes[6] wurde jedoch in den PISA-, PISA-E- sowie in den IGLU- Studien repräsentativ erfasst und auf den Kompetenzerwerb beziehungsweise die Kompetenzstufe bezogen (zu näheren Informationen zu den IGLU-Studien siehe beispielsweise: Bos, Voss, et al. 2003; Bos, et al. 2005). Vor allem die Berücksichtigung und Erhebung des Migrationshintergrunds ist für das deutsche Bildungssystem eminent wichtig, da zum einen 27 Prozent der Schülerinnen und Schüler über einen Migrationshintergrund verfügen, zum anderen diese – auch im internationalen Vergleich - erheblich schlechter abschneiden als die Personen ohne Migrationshintergrund. In der Gruppe der unter-sechs-jährigen beläuft sich der Anteil der Kinder mit Migrationshintergrund sogar auf 32,5 Prozent (vgl. Allmendinger, et al. 2010, 58). Damit liegt Deutschland im internationalen Vergleich deutlich an der Spitze. Wenn also von der amtlichen Bildungsstatistik der Anteil an Ausländern im deutschen Schulwesen auf lediglich 10 Prozent beziffert wird, muss das Ausländerkonzept beziehungsweise die Klassifizierung als unzureichend beschrieben werden, da nur fast ein Drittel der Schülerinnen und Schülern aus Zuwandererfamilien damit erfasst werden können (vgl. Diefenbach 2009, 435 ff).

---

[6] Zu den Menschen mit Migrationshintergrund (im weiteren Sinn) zählen "alle nach 1949 auf das heutige Gebiet der Bundesrepublik Deutschland Zugewanderten, sowie alle in Deutschland geborenen Ausländer und alle in Deutschland als Deutsche Geborenen mit zumindest einem zugewanderten oder als Ausländer in Deutschland geborenen Elternteil" (Statistisches Bundesamt 2010).

Im Auftrag des Bundesministeriums für Bildung und Forschung und der ständigen Konferenz der Kultusminister der Länder wird alle zwei Jahre durch das „Konsortium Bildungsberichterstattung" der Bericht: „Bildung in Deutschland" vorgelegt. In diesen Berichten wird das Konzept des Migrationshintergrunds differenziert erfasst und bietet daher auch Aufschluss über den Bildungsstand bzw. die schulische Performanz von Personen aus verschiedenen Zuwanderungsregionen. Der Bericht aus dem Jahre 2006 (Konsortium Bildungsberichterstattung 2006) behandelte dabei schwerpunktmäßig das Migrationskonzept.

Der Anteil an Personen mit Migrationshintergrund liegt insbesondere in der jüngeren Population höher als in der Gesamtbevölkerung. Dabei ist die Verteilung zwischen den Bundesländern sehr ungleich. Im Jahr 2005 hatten in der Altersgruppe von 0 bis 25 Jahren in den Stadtstaaten Bremen und Hamburg über 40 Prozent der Personen einen Migrationshintergrund. In Baden-Württemberg, Berlin, Hessen und Nordrhein-Westfalen traf dies immerhin auf über ein Drittel zu. Hingegen lag der Anteil von Migranten in dieser Kohorte in den neuen Bundesländern (exklusive Berlin) lediglich zwischen 6 und 9 Prozent (vgl. Konsortium Bildungsberichterstattung 2006, 143 f).

Wie bereits angemerkt haben die Personen mit Migrationshintergrund im Durchschnitt einen erheblich niedrigrigeren Bildungsstand als Personen ohne Migrationshintergrund. In der Alterskohorte der 30- bis unter 35-Jährigen etwa liegt der Anteil der Personen, die keinen allgemeinen Schulabschluss erworben haben, unter den Personen ohne Migrationshintergrund bei lediglich 1,7 Prozent, während dies bei Personen mit Migrationshintergrund zu 10 Prozent der Fall ist. Dieser höhere Anteil trifft zwar auf alle Herkunftsregionen zu, allerdings sind türkischstämmige Personen mit 19 Prozent am stärksten betroffen. Eine Verbesserung dieser Quote ist insbesondere bei den türkischstämmigen Frauen in dieser Altersgruppe seit 2005 zu verzeichnen, jedoch beläuft sich deren Anteil weiterhin auf knapp ein Viertel (vgl. Konsortium Bildungsberichterstattung 2012, 43).

Betrachtet man die Anteile der Personen, die einen beruflichen Abschluss erworben haben, so sind die Personen der Altersgruppe der 30- bis unter 35-Jährigen auch sehr deutlich unterrepräsentiert. Während Personen ohne Migrationshintergrund in dieser zu 11 Prozent keinen beruflichen Abschluss haben, sind Personen mit Migrationshintergrund zu 37 Prozent davon betroffen. Allerdings sind hier zwischen 2005 und 2010 Verbesserungen zu erkennen. Wie auch im Falle der Personen ohne allgemeinbildenden Abschluss sind es hier vor allem die türkischstämmigen Frauen, die gegenüber dem Jahr 2005 eine positive Entwicklung zu verzeichnen haben.

Im allgemeinen Schulwesen ist jedoch eine leichte Verbesserung der Chancen von Kindern und Jugendlichen mit Migrationshintergrund zu beobachten. In der Altersgruppe der 10- bis 20-Jährigen im Jahr 2008 besuchen zwar immerhin 28 Prozent der Schülerinnen und Schüler mit Migrationshintergrund eine Hauptschule, während nur 12 Prozent ohne Migrationshintergrund sich auf dieser befinden. Der Anteil derer, die das Gymnasium besuchen, liegt allerdings mittlerweile höher als der Anteil der Hauptschüler mit Migrationshintergrund. An einem Gymnasium befanden sich im Jahr 2008 32 Prozent der Kinder und Jugendlichen zwischen 10 und 20 Jahren, die das deutsche Schulwesen besuchen. Jedoch wird dieser Anteil von den Personen ohne Migrationshintergrund (40 Prozent) mit 8 Prozentpunkten deutlich übertroffen (Statistisches Bundesamt 2008). In der Alterskohorte von 25 bis 35 Jahren ist die Benachteiligung der Population mit Migrationshintergrund sehr deutlich erkennbar. Im Jahr 2005 ist diese mit 41 Prozent überproportional häufig in der Gruppe der Personen ohne beruflichen Abschluss zu finden, während Personen ohne Migrationshintergrund nur zu 15 Prozent in dieser Gruppe vertreten sind. Bei weiterer Differenzierung (nach früherer Staatsangehörigkeit) fällt auf, dass Migranten aus den ehemaligen Anwerberstaaten – vor allem aus der Türkei – das niedrigste Qualifikationsniveau aufweisen (vgl. Konsortium Bildungsberichterstattung 2006, 147).

Um neben dem Migrationshintergrund auch die Chancenungleichheit nach sozialer Herkunft zu beleuchten, wird im Folgenden auf die PISA-Studien, insbesondere der Jahre 2000 und 2009 eingegangen. Sowohl in den Erziehungswissenschaften als auch in den Sozialwissenschaften ist auf die Ungleichheit im und durch das Bildungswesen schon des Öfteren hingewiesen worden. Größere Konsequenzen in Politik oder Öffentlichkeit zogen diese Analysen der sozialen Selektivität der Bildungseinrichtungen allerdings nicht nach sich. Zwar nahm die Bundesrepublik nach 1990 zunehmend an komparativen Studien[7] teil, jedoch blieben die Ergebnisse weitestgehend unbeachtet. Die PISA-Studien fanden hingegen – gegenüber der nationalen sozial- und erziehungswissenschaftlichen Bildungsforschung – mit ihren national sowie international vergleichenden Kompetenzmessungen öffentliche Anerkennung und das Thema der sozialen Selektivität des deutschen Bildungswesens geriet wieder in die politische und wissenschaftliche Debatte (vgl. Bremer 2007, 13f.). Dadurch wurde insbesondere in Deutschland auf die strukturellen Bildungsungleichheiten aufmerksam gemacht, die auch zu den

---

[7] Diese sind die *International Reading Literacy Study* (IRLS) von 1991, die später zu *Progress in International Reading Literacy Study* (PIRLS) – in Deutschland zu *Internationale Grundschul-Lese-Untersuchung* (IGLU) – wurde. Außerdem untersuchte und verglich auch die *Civic Education Study* (CIVED) , die 1994 begann, die Leistungsfähigkeit verschiedener Bildungssysteme.

nichtintendierten Folgen der Bildungsexpansion zählen, aufmerksam gemacht. Nahezu die gesamte Umgestaltung innerhalb der deutschen Sekundarbildung, die in jüngster Zeit stattfand, ist auf die Veröffentlichung der Ergebnisse aus den PISA-Untersuchungen zurückzuführen. Dabei beschränken sich die Anpassungen nicht nur auf strukturelle Änderungen des Bildungswesens, sondern auch die Politikgestaltung hat sich substantiell gewandelt (vgl. Niemann 2010, 59 ff)

3.2 Ergebnisse der PISA und PISA-E Studien

PISA steht für „Programme for International Student Assessment" und ist ein Programm zur Erfassung der basalen Kompetenzen der im Durchschnitt 15- jährigen Schülerinnen und Schüler im internationalen Vergleich, das von der Organisation für wirtschaftliche Zusammenarbeit und Entwicklung (OECD) durchgeführt wird (vgl. Baumert und Artelt 2003, 12). Aufgrund unterschiedlicher Bildungssysteme in den teilnehmenden Staaten[8] ist eine vergleichende Analyse anhand der vergebenen Zertifikate unzureichend, deshalb stellen die PISA- oder auch die IGLU-Studien eine Innovation auf dem Gebiet der internationalen Schülervergleiche dar, zum einen da Kompetenzen erfasst, zum anderen aber auch relationalen Maßen unterzogen werden.

Deutschland hat bisher an allen PISA-Erhebungen teilgenommen und darüber hinaus wurde auch die nationale Erweiterung PISA-E in Anspruch genommen, um auch innerdeutsche Vergleiche zwischen den Bundesländern vornehmen zu können. Die Ergebnisse der Studien sollen Aufschlüsse über Ressourcenausstattung, individuelle Nutzung sowie über die Funktions- und Leistungsfähigkeit der Bildungssysteme liefern. Die allgemeine Zielsetzung von PISA ist hierbei primär, den Regierungen der Teilnehmerstaaten auf periodischer Grundlage Prozess- und Ertragsindikatoren zu präsentieren, um damit politisch-administrative Entscheidungen im Bereich des jeweiligen Bildungswesens in Gang zu setzen. Die Indikatoren umfassen hierbei die Bereiche Lesekompetenz (Reading Literacy), mathematische Grundbildung (Mathematical Literacy), naturwissenschaftliche Grundbildung (Scientific Literacy), und fächerübergreifende Kompetenzen (Cross-Curricular Competencies) (Diese sind beispielsweise im ersten Zyklus Merkmale selbstregulierten Lernens und Vertrautheit mit Computern).

---

[8] Die teilnehmenden Staaten waren im Jahr 2000 insgesamt 32 Staaten, davon 28 OECD Mitgliedsstatten (Baumert und Artelt 2003, 13). An PISA 2009 beteiligten sich bereits insgesamt 65 Staaten, davon alle 34 OECD Staaten sowie 31 Partnerstaaten (OECD 2011, 19; Jude und Klieme 2010, 15).

Laut PISA werden mit der Untersuchung Basiskompetenzen erfasst, die in modernen Industriegesellschaften sowohl für eine angemessene Lebensführung in persönlicher und wirtschaftlicher Hinsicht als auch für die soziale Teilhabe grundlegend sind. PISA bezieht sich also auf die bis zum Ende der Pflichtschulzeit – zumindest in den meisten Teilnehmerländern - erworbenen Kompetenzen und deren Funktionalität für die weiterführende Lebensführung (vgl. OECD 2011, 3).

Der Vergleich zwischen den einzelnen Bundesländern in Deutschland ist Teil der nationalen Erweiterung des PISA-2000-Projekts (Baumert, et al. 2002) und bietet die Möglichkeit, auch nationale Disparitäten zu analysieren. An der nationalen Erweiterung "PISA-E" haben alle 16 Bundesländer teilgenommen. Für den internationalen Vergleich wurden in jedem teilnehmenden Staat zwischen 4500 und 10000 Schülerinnen und Schüler untersucht. Die Anzahl der in der PISA-E-Studie untersuchten Schülerinnen und Schüler belief sich auf über 45.000[9]. Damit wurde eine Schülerstichprobe erreicht, die repräsentativ für die 15-jährigen des jeweiligen Landes und der Schulform ist und damit ebenfalls allgemein gültige Aussagen zulässt (vgl. ebd., 13).

Breiter als in anderen internationalen Studien wurden „familiäre und institutionelle Kontextbedingungen, individuelle Lernvoraussetzungen und individuelle Verarbeitungsprozesse erhoben" (ebd., 17). Die erfassten Merkmale stützen sich dabei auf ein allgemeines theoretisches Rahmenmodell zur Erklärung schulischer Leistungen (siehe Abbildung 3). Dabei werden nicht alle Merkmale in jeder Studie in gleichem Maße untersucht, sondern verschiedene Schwerpunkte gesetzt.

Dieses und ähnliche Erklärungsmodelle gründen auf der Erkenntnis, die zwischen Sozial- und Erziehungswissenschaften generiert wurde, „dass es auch neuer Konzepte bedarf, die die Zusammenhänge zwischen sozialer Herkunft und Chancengleichheit im Bildungswesen nicht nur feststellen können, sondern die auch eine tiefere Analyse der Mechanismen erlauben, die zu Bildungsungleichheit und Bildungsarmut führen" (Bremer 2007, 15). Klassen- und Schichtmodelle geben nur begrenzten Aufschluss darüber, wie soziale Ungleichheit in Lern- und Bildungsprozessen vonstatten geht, diese bilden eher den groben Rahmen. Die Perspektive der Subjekte sowie intern ablaufende Prozesse werden dabei vernachlässigt (ebd.).

Mit der Entscheidung der Kultusministerkonferenz, die Länder mithilfe des PISA-Instrumentariums zu vergleichen, ist ein Paradigmenwechsel in der politisch-

---

[9] Zur Definition der Untersuchungspopulation in Deutschland sowie Daten zur Stichprobe und Erhebung siehe Baumert und Artelt 2003, 20-46.

administrativen Steuerung des Bildungswesens eingeläutet: Regulative Programme oder Allokation von Mitteln als Hauptaufgaben werden durch die „Offenlegung der Ergebnisse von Bildungsprozessen erweitert" (Baumert und Artelt 2003, 19). Allerdings solle PISA nicht einen Bildungswettbewerb darstellen, bei dem es Gewinner oder Verlierer des Monitorings gibt, sondern es sei vielmehr ein Instrument um wechselseitiges Lernen zu unterstützen (vgl. ebd.).

Abbildung 3: Bedingungen schulischer Leistungen – Allgemeines Rahmenmodell

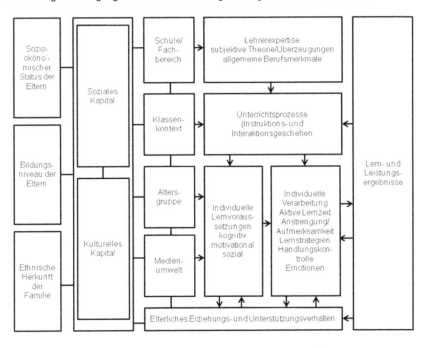

Nach Haertel, Walberg und Weinstein (1983); Wang, Haertel und Walberg (1993); Helmke und Weinert (1997)

In der ersten Untersuchung des ersten Zyklus der PISA Studien wurde die Lesekompetenz schwerpunktmäßig untersucht, da die Lesekompetenz eine Kernqualifikation darstellt, die Grundvoraussetzung für selbstständiges Lernen ist. Wie allgemein bekannt geworden ist, konnten die deutschen Schülerinnen und Schüler nur schlecht im internationalen Vergleich abschneiden. Die durchschnittliche Lesekompetenz der 15-jährigen Schüler in Deutschland lag deutlich unter dem OECD-Durchschnitt. Vor allen Dingen war die Streuung – also der Abstand zwischen Leistungsschwächsten und

Leistungsstärksten – breiter als in allen anderen Teilnehmerstaaten. Die große Spannbreite sowie die insgesamt unterdurchschnittlichen Kompetenzwerte sind in erheblichem Maße dem relativ schwachen Abschneiden im unteren Leistungsbereich geschuldet. Im ersten Erhebungszeitraum lag der Anteil der Schülerinnen und Schüler, die die Kompetenzstufe I erreichten bei 13 Prozent, fast 10 Prozent lagen sogar noch darunter, obwohl die Hälfte dieser Personen in Deutschland geboren ist, in Deutschland geborene Eltern hat und zuhause deutsch spricht. Diese Schülerinnen und Schüler sind, was das selbstständige Lesen sowie das Weiterlernen betrifft der potenziellen Risikogruppe zuzuordnen (zur genauen Beschreibung der einzelnen Kompetenzstufen siehe Naumann, et al. 2010, 28 f). In Ländern wie Kanada, Japan oder Finnland ist die Risikogruppe mit unter 15 Prozent erheblich kleiner. In der obersten Kompetenzstufe (V) lag Deutschland mit 9 Prozent der Schülerpopulation dagegen im OECD-Durchschnitt (vgl. Stanat, Artelt, et al. 2003, 52).

3.2.1 Kompetenzerwerb nach sozialer Herkunft

Wie bereits angedeutet und wie auch aus den bisherigen Ausführungen zu vermuten sein dürfte, hat die soziale Herkunft nicht nur einen Einfluss auf die Bildungsabschlüsse, sondern in ähnlichem Maße auch auf den Kompetenzerwerb.

Im Jahr 2000 besucht etwa die Hälfte der Jugendlichen aus den höchsten Sozialschichtgruppen das Gymnasium, während nur 10 Prozent des Nachwuchses aus Arbeiterfamilien[10] in dieser Schulform vertreten sind. An Hauptschulen bietet sich dementsprechend ein entgegengesetztes Bild. Diesen Schulweg bestreiten 40 Prozent der Schülerinnen und Schüler aus Arbeiterfamilien und lediglich 10 Prozent der Oberschicht (vgl. ebd., 55)

Selbst bei gleichen kognitiven Fähigkeiten sind die relativen Chancen für Nachkommen der höchsten Sozialschichten ein Gymnasium statt einer Realschule zu besuchen dreimal so hoch wie für ein Arbeiterkind.

Entsprechend fallen auch die Kompetenzwerte aus: Der genannten Risikogruppe (Kompetenzstufe I und darunter) sind lediglich 10 Prozent der Nachkommen der höchsten Sozialschichten zuzuordnen, während in anderen Sozialschichtgruppen der Anteil jeweils

---

[10] „Die Bezeichnung ‚höchste Sozialschichtgruppen' wird auf Personen angewendet, die nach dem Erikson-Goldthorpe-Portocarero-Modell (EGP) der oberen oder unteren Dienstklasse zuzuordnen sind. Hierzu gehörten beispielsweise Angehörige von freien akademischen Berufen; Beamte im höheren, gehobenen oder mittleren Dienst; Angehörige von Semiprofessionen. Die Bezeichnung ‚Arbeiter' umfasst Facharbeiter, Arbeiter mit Leitungsfunktionen, Angestellte in manuellen Berufen, un- und angelernte Arbeiter sowie Landarbeiter" (Baumert und Artelt 2003, 75).

zwischen 20 und 30 Prozent liegt. Der Anteil von Schülerinnen und Schülern von un-
oder angelernten Arbeitern beläuft sich sogar auf fast 40 Prozent. Es ist zwar in allen
Teilnehmerstaaten eine Korrelation zwischen sozialer Herkunft und erworbenen
Kompetenzen festgestellt worden, in Deutschland war diese Korrelation allerdings am
stärksten ausgeprägt (vgl. ebd., 57).

Ähnlich ausgeprägte Kopplungen zwischen sozialer Herkunft und Kompetenzniveau sind
unter anderem auch in Belgien, der Schweiz und in Luxemburg vorzufinden. Dieses
Befundmuster deutet daraufhin, dass früh gliedernde Schulsysteme einen kumulativen
Einfluss auf den Zusammenhang zwischen sozialer Herkunft und Schulerfolg haben. Im
Vergleich dazu sind die Schulsysteme in Japan, Korea, Island oder Finnland in der Lage,
eine geringe Kopplung zwischen familiärem Hintergrund und Kompetenzniveau bei einem
gleichzeitig hohen Leistungsstand zu erreichen (vgl. ebd.). Das Argument
beziehungsweise das Grundmotiv zur Schaffung homogener Lerngruppen als funktionales
Mittel zur besseren Leistungsförderung wird nicht erst seit diesen Ergebnissen kontrovers
diskutiert und dessen Legitimität infrage gestellt. (vgl. Niemann 2010, 63).

3.2.2 Kompetenzerwerb und Migrationshintergrund

Die Kinder und Jugendlichen mit Migrationshintergrund wurden im Rahmen der PISA-
Studien differenziert erfasst. Es wurde festgestellt, dass wenn lediglich ein Elternteil
zugewandert war, sich nur sehr geringe Unterschiede in der Bildungsbeteiligung zwischen
diesen und Nachkommen, deren Eltern beide in Deutschland geboren wurden, ergaben.
Wenn jedoch beide Elternteile zugewandert sind, erweisen sich die Bildungschancen des
Kindes als erheblich geringer. Kinder, deren Eltern beide in Deutschland geboren wurden,
besuchten im Jahr 2000 zu über 30 Prozent das Gymnasium, während der Anteil in der
Gruppe, deren Eltern beide im Ausland geboren sind, lediglich 15 Prozent betrug. Die
entsprechenden Quoten für den Besuch der Hauptschule liegen bei 25 beziehungsweise
50 Prozent (vgl. Stanat, Artelt, et al. 2003, 57).

Betrachtet man die erreichten Kompetenzstufen in Abhängigkeit vom Migrationshintergrund, ist zu erkennen, dass fast 50 Prozent der Jugendlichen, deren Eltern beide
nicht in Deutschland geboren wurden, nicht die Kompetenzstufe II erreichen, obwohl 70
Prozent dieser Gruppe ihre gesamte Schullaufbahn in Deutschland verbracht haben.
(Diese Defizite in der Leseleistung scheinen sich auch kumulativ auf den
Kompetenzerwerb in Sachfächern auszuwirken. Es wurde ein deutlicher Zusammenhang
zwischen Lesekompetenz und Leistungen in Mathematik und in Naturwissenschaften
nachgewiesen ebd., 57 ff).

Außerdem wurde für Deutschland nachgewiesen, dass - im Gegensatz zu den meisten anderen Staaten - es keinen signifikanten Kompetenzunterschied zwischen Migranten der ersten und zweiten Generation gibt (vgl. Teltemann 2010, 52 f).

3.2.3 Kompetenzerwerb und Geschlecht

Vor allem in der Lesekompetenz lassen sich deutliche Leistungsunterschiede zwischen den Geschlechtern ausmachen. Der Vorsprung der Mädchen – um etwa eine halbe Kompetenzstufe – ist dabei jedoch in allen teilnehmenden Staaten zu beobachten. Teilweise ist dies dem höheren Interesse und der größeren Freude am Lesen der Mädchen geschuldet (vgl. Baumert und Artelt 2003, 58 f).

Des Weiteren ist auffällig für Deutschland, dass 34 Prozent der Schülerinnen und Schüler die Schule nicht regulär durchlaufen. Klassenwiederholungen oder Zurückstellungen bei der Einschulung waren Gründe dafür, dass sich die untersuchten 15-Jährigen auf insgesamt 9 Klassenstufen verteilten. In den meisten anderen teilnehmenden Staaten ist diese Streuung erheblich geringer und in einigen sogar so gering, dass sich fast alle der 15-Jährigen in ein und derselben Klassenstufe befinden (z.B. Japan, Korea, Island und Norwegen) (vgl. ebd., 60). Erneut sind dies deutlich mehr Jungen als Mädchen, die zurückgestellt werden oder eine Klasse wiederholen (Diefenbach und Klein 2002).

3.2.4 Ergebnisse des innerdeutschen Vergleichs

Im Wesentlichen bestätigen die Befunde in den einzelnen Bundesländern die Ergebnisse des internationalen Vergleichs. In den meisten Ländern der Bundesrepublik konnte ein relativ niedriges Leistungsniveau mit gleichzeitig hoher Leistungsstreuung festgestellt werden. Dementsprechend liegen auch alle Bundesländer (bis auf Bayern) über dem OECD-Durchschnitt, was die Quote der Risikoschüler anbelangt. Zwischen den Bundesländern waren allerdings Differenzen zu beobachten. Während der Süden und der Südwesten überdurchschnittlich gut abschnitten, wurden im Norden und in Nordrhein-Westfalen die geringsten durchschnittlichen Kompetenzwerte gemessen. Deshalb lastete auch insbesondere auf diesen Bundesländern ein höherer Druck, Reformierungen in Gang zu setzen (vgl. Knodel, et al. 2010, 67)

Hinzu kommt die Bestätigung der internationalen Befunde des Zusammenhangs zwischen sozialer Herkunft und erreichten Kompetenzwerten. Speziell in den alten Bundesländern ist diese Korrelation deutlich ausgeprägt und übertrifft damit jeweils die meisten an der PISA-Studie teilnehmenden Staaten. In den neuen Bundesländern ist dieser

Zusammenhang nicht derart ausgeprägt wie in den alten, dennoch liegt dieser im internationalen Vergleich deutlich über dem OECD-Durchschnitt.

Zwischen Sozialschichtzugehörigkeit der Familie, aus der ein Jugendlicher stammt und dessen besuchter Schulform besteht insbesondere im Falle des Gymnasiums ein sehr deutlicher Zusammenhang. Dabei ist der Gymnasialbesuch in den neuen Ländern der Bundesrepublik deutlich sozialschichtunabhängiger als in den alten. In Bayern, Rheinland-Pfalz und Schleswig-Holstein ist dieser Zusammenhang am stärksten ausgeprägt (vgl. ebd., 65f.).

3.2.5 PISA 2009

Aus der erneuten Erhebung der Lesekompetenz der PISA-Studie 2009 geht hervor, dass Deutschland eine statistisch signifikante Verbesserung des Kompetenzniveaus erreichen konnte. Insbesondere ist dies auf die Abnahme des Anteils der Schülerinnen und Schüler in der Risikogruppe zurückzuführen (vgl. OECD 2011, 27). Im Jahr 2009 ist deren Anteil um 4,5 Prozentpunkte gegenüber dem Jahr 2000 auf 18,5 Prozent zurückgegangen. Damit liegt die Bundesrepublik zwar nicht mehr über dem OECD-Durchschnitt, aber mit 18,5 Prozent ist die Quote der Betroffenen immernoch substantiell. Im Allgemeinen sind über die Erhebungszeiträume (2000, 2003, 2006, 2009) sukzessive Verbesserungen des Kompetenzniveaus in allen drei Bereichen sowie eine Reduktion der Streuung der Kompetenzwerte festgestellt worden (vgl. Niemann 2010, 66; Klieme, et al. 2010, 5 ff). Infolgedessen stieg die Bundesrepublik leicht im internationalen Ranking der PISA-Studie. Die meisten entwickelten Industrienationen – und damit die eigentlichen Pendants zu Deutschland – liegen aber weiterhin – zumindest was die Lesekompetenz betrifft - vor der Bundesrepublik (vgl. Niemann 2010, 66 ff). In den naturwissenschaftlichen und noch mehr in den mathematischen Kompetenzen konnte die Bundesrepublik jedoch eine derartige Verbesserung im Gegensatz zum Jahr 2000 und 2003 erreichen, dass sie 2009 sogar signifikant über dem OECD-Durchschnitt lag. Im Falle der Streuung der Kompetenzwerte hat sich Deutschland nach 2000 kontinuierlich dem OECD-Durchschnitt angenähert.

Im gesamten ersten Erhebungszyklus (2000 – 2006) lagen die Kompetenzwerte der Schülerinnen und Schüler mit Migrationshintergrund in der Leseleistung, in der Mathematik und im naturwissenschaftlichen Bereich deutlich unter denen derer ohne Migrationshintergrund. Weitestgehend waren diese Disparitäten auch unter Einbeziehung des sozioökonomischen Status sowie des Bildungsniveaus der Eltern festzustellen. Das bedeutet, dass bei gleichem sozialen Hintergrund bei Schülerinnen und Schülern mit Migrationshintergrund ein Kompetenznachteil besteht. In der Untersuchung von 2009 stammen 26 Prozent der fünfzehnjährigen Schülerinnen und Schüler aus zugewanderten Familien. Dies ist ein Zuwachs von 4 Prozentpunkten gegenüber dem Jahr 2000. Dieser Anstieg kann insbesondere auf den relativen Zuwachs der zweiten Generation zwischen den Jahren 2000 und 2009 zurückgeführt werden. Schüler und Schülerinnen an deutschen Schulen sind inzwischen häufiger in Deutschland geboren und aufgewachsen als dies noch im Jahr 2000 der Fall war. Im Vergleich mit anderen mittel- und nordeuropäischen Staaten (einschließlich der ehemaligen Kolonialstaaten) liegt die Bundesrepublik mit diesem Anteil im Durchschnitt (vgl. Klieme, et al. 2010, 11).

Wie bereits angemerkt wurde nachgewiesen, dass der Zusammenhang zwischen Kompetenzniveau und sozioökonomischem Status allgemein etwas zurückgegangen ist. Auch die 15-Jährigen Schülerinnen und Schüler mit Migrationshintergrund konnten Erfolge verzeichnen, allerdings liegt deren Kompetenzniveau immer noch weit hinter dem von Schülerinnen und Schülern ohne Migrationshintergrund (vgl. OECD 2011, 40 f).

Gerade für Deutschland wurde im Jahr 2000 nachgewiesen, wie eng die Kopplung zwischen sozialer Herkunft und Kompetenzniveau beziehungsweise auch der besuchten Schulform ist. In den folgenden Untersuchungszeiträumen bis 2009 konnte eine Abnahme der Steigung des sozialen Gradienten hinsichtlich der Leseleistung festgestellt werden. Die durchschnittliche Lesekompetenz von Schülerinnen und Schülern, deren Eltern der oberen Dienstklasse zuzuordnen sind und jene von Nachkommen von un- oder angelernten Arbeitern unterscheiden sich jedoch weiterhin sehr deutlich (vgl. Klieme, et al. 2010, 14 f). Während die Gymnasialquote von Kindern aus der oberen Dienstklasse seit 2000 weitestgehend stagnierte, nahm die der Nachkommen von Arbeiterfamilien und solche, deren Eltern Berufe im Bereich der Routinedienstleistungen ausüben dagegen etwas zu.

Im Falle der Disparitäten zwischen Mädchen und Jungen konnte keinerlei statistisch signifikante Verbesserung innerhalb der Erhebungszeiträume festgestellt werden. Dies betrifft zum einen den Vorsprung der Mädchen in der Lesekompetenz als auch den der Jungen im Bereich der mathematischen Kompetenzen. In den Naturwissenschaften konnte weder 2000 noch 2009 ein signifikanter Kompetenzunterschied zwischen den Geschlechtern festgestellt werden.

Zu den Untersuchungspopulationen der Jahre 2000 und 2009 sind allerdings hinsichtlich der Bildungsverläufe Angaben zu machen. Während die PISA-Teilnehmer von 2000 hauptsächlich einer Alterskohorte angehören, die 1991 eingeschult wurde, wurden die Jugendlichen, die an der PISA-Studie des Jahres 2009 teilnahmen überwiegend im Jahr 2000 eingeschult. Zwischen diesen beiden Kohorten ist zum einen die durchschnittliche

Dauer des Kindergartenbesuchs gestiegen, zum anderen hat sich die Häufigkeit der frühzeitigen Einschulungen (mit weniger als sechs Jahren) verdoppelt und auch die Zurückstellungen bei der Einschulung haben erheblich abgenommen. Ebenso ist der Anteil der Jugendlichen, die schon einmal eine Klasse wiederholt haben, von 24 auf 21 Prozent zurückgegangen (vgl. ebd., 17). Deshalb können für die Untersuchungs-population des Jahres 2009 günstigere Ausgangsbedingungen konstatiert werden als im Jahr 2000. Die 15-jährigen Schüler befinden sich 2009 deshalb im Durchschnitt in höheren Klassenstufen. Das bedeutet, je mehr der untersuchten 15-jährigen Schülerinnen und Schüler beschult sind, desto besser stellt sich das Land im internationalen Ranking dar.

3.2.6 Kritik an PISA

In keinem anderen Land wurde derart ausführlich über die Ergebnisse der PISA-Studien berichtet wie in Deutschland. Vorwiegend dadurch wurde die Bildungsthematik wieder relevant und trat in die öffentliche Diskussion. Das große Medienecho entstand vor allem aus der Kluft zwischen vorheriger Selbstwahrnehmung und den real erzielten Ergebnissen im Bildungsmonitoring. Glaubten sich die Deutschen als Spitzenreiter im internationalen Vergleich wiederzufinden, kam die Ernüchterung in Form der Platzierung auf den untersten Rängen (vgl. Knodel, et al. 2010, 68 f).

In diesem Abschnitt soll es in erster Linie um die Qualität des Messinstruments gehen und darum, welche Macht und welches Einflussvermögen die OECD mit ihrem PISA-Instrumentarium auf die Bildungspolitik (insbesondere in Deutschland) hat.

Das spezifische Novum der PISA Studien ist also die Erfassung sozialer Ungleichheit im Erwerb von Grundkompetenzen. Jedoch definiert die OECD in ihren Untersuchungen auch eigene Grundkompetenzen, die erfüllt sein sollten. Es wird demnach nicht die Umsetzung der Lehrpläne, sondern die als funktional relevante kognitive Leistung, die laut PISA vorhanden sein sollte, analysiert. Ein prominenter Kritiker dieser Studien ist Richard Münch (2009)[11]. Laut ihm verkörpere die Studie, die „Transformation von Bildung [als Kulturgut, d. Verf.] in Humankapital" (ebd., 7). Bildung als Kulturgut wird entmachtet und zurückgewiesen, um sich auf dem Markt zu behaupten.

---

[11] Die Polemik von Richard Münch trägt nicht wesentlich zur Erarbeitung der Beantwortung der Fragestellung dieser Bachelor-Thesis bei, jedoch erscheint es mir wichtig die Ergebnisse der PISA-Studien und deren Konsequenzen für die Bildungspolitik aus einer kritischen Perspektive hier zu reflektieren.

Die aus dem historischen Kontext erwachsenen Lebenswelten müssen sich heutzutage mehr und mehr hinsichtlich ihrer Verwertbarkeit in der Akkumulation von ökonomischem, politischem oder sozialem Kapital beweisen. Die traditionale Legitimität wird angesichts der wissenschaftlich-technischen Zivilisation infrage gestellt, sodass Nationalstaaten sowie Organisationen zunehmend von diesen beeinflusst werden. Ein gutes Beispiel stellt hierbei die PISA Studie dar, indem von der OECD globale Bildungsstandards definiert werden. Es wird versucht Bildung mittels wissenschaftlicher Methoden quantifizierbar zu machen. Im Gegensatz zu Kompetenzen kann Bildung im eigentlichen (deutschen) Verständnis allerdings nicht messbar gemacht werden.

Angesichts des schlechten Abschneidens im ersten Erhebungszyklus, sahen sich die Verantwortlichen gezwungen entsprechende Reformmaßnahmen anzustoßen. Der einst aus seinem gesellschaftlich-historischen Kontext definierte Bildungsbegriff wich und weicht dabei zunehmend einer Vermittlung von Grundkompetenzen, die größtenteils eine ökonomische Orientierung aufweisen. „Sie [Bildung, d. Verf.] dient nun eher der Produktion und Reproduktion von Humankapital, das Rendite erwirtschaften soll. Das ist Sinn und Zweck des neuen Bildungs-Kapitalismus" (ebd., 30). Auch in der medialen Berichterstattung wurden die Leistungen der Schüler aus einer volkswirtschaftlichen Perspektive reflektiert. Scheinbar als Paradigma anerkannt, dass Bildung für das Aufbauen von Humankapital verantwortlich ist und damit unmittelbaren Einfluss auf ökonomischen Erfolg und volkswirtschaftliches Wachstum hat, wurden auch negative Zukunftsperspektiven für die wirtschaftliche Wettbewerbsfähigkeit bekundet (vgl. Knodel, et al. 2010, 69 f).

Ebenso ist die Allgemeinbildung bis in das Universitätsstudium zum scheinbar erstrebenswertesten Ziel - durch die Postulate der globalen Eliten – geworden, „ohne dass es einen Beweis dafür gäbe, dass es im Vergleich zu einem beruflich ausdifferenzierten Modell der Bildung, wie es in der deutschen Tradition entwickelt wurde, mehr Wirtschaftswachstum, umfassendere soziale Inklusion oder eine stärkere Beteiligung der Bürger an demokratischen Entscheidungsprozessen mit sich bringt" ((Münch 2009, 32 f). Wenn also der erste Hochschulpakt zum Ziel hatte die Studienanfängerzahlen bis 2010 systematisch zu steigern (vgl. Konsortium Bildungsberichterstattung 2010, 121) und der zweite Hochschulpakt eine weitere erhebliche Steigerung bis 2020 vorsieht (Bundesministerium für Bildung und Forschung 2013), ist zu erkennen, dass die nationalen Eliten dem globalen Druck scheinbar nicht gewachsen sind und nun selbst behaupten die Wettbewerbsfähigkeit Deutschlands könne nur durch eine steigende Anzahl an Universitätsabsolventen – die im OECD Durchschnitt liege - gewährleitstet werden.

Mit diesem Paradigmenwechsel innerhalb der Bildung und damit des Bildungssystems scheinen nationale Akteure wie Philologenverbände, Kultusministerien und Schulämter unter dem Druck transnationaler Akteursnetzwerke – allen voran die OECD – von ihrer Legitimität-stiftenden Autorität und somit ihrer herrschenden Position abgedrängt worden zu sein (vgl. Münch 2009, 30 ff).

Die OECD hat es mit ihrem PISA-Instrumentarium geschafft ein international gültiges Bildungsparadigma zu erstellen und hat sich auch dadurch als Großunternehmen in der Bildungsindustrie etabliert, sodass sich nationale Bildungspolitik zunehmend an diesem Paradigma orientiert und ihre Entscheidungen darüber wissenschaftlich legitimiert sieht (vgl. ebd., 37). Die Machtposition der OECD, die sie in wenigen Jahren erreichte, befähigt diese trotz fehlender demokratischer Legitimität zu einer Umstrukturierung des Bildungssystems in vielen Nationalstaaten.

Um bei den PISA-Tests gut abzuschneiden zu können, muss auch der Testinhalt unterrichtet werden (teaching for the test). So wird zum Beispiel im Deutschunterricht ein breites Spektrum an Literatur behandelt, während bei den von PISA untersuchten Lesekompetenzen eher die Interpretation diskontinuierlicher Sachtexte, Zeitungsartikel, usw. als Grundkompetenz angesehen wird. Der Deutschunterricht in Deutschland ist also suboptimal um in diesen Tests ein gutes Ergebnis zu erzielen. Die Tests – ob Lesekompetenz, mathematische oder naturwissenschaftliche Kompetenzen ermittelt werden sollen – berücksichtigen deshalb keine nationalen Idiosynkrasien, sondern ermitteln eher den Abstand zwischen dem nationalen Verständnis von Bildung und dem Verständnis von Bildung, das der Studie zugrunde liegt. Dadurch werden vermeintliche Leistungsunterschiede zwischen den Staaten konstruiert. Ebenso wurde und wird versucht Kinder früher einzuschulen - indem der Beginn der Schulpflicht vorverlegt wurde (vgl. Konsortium Bildungsberichterstattung 2010, 58) – denn je länger die Schülerinnen und Schüler beschult sind, desto besser schneiden diese auch im Test ab. Dies ist aber noch längst nicht die einzige Verschiebung, die durch die Ergebnisse der PISA-Untersuchungen in Gang gesetzt wurde. Die Kultusministerkonferenz verabschiedete – angestoßen durch die erste PISA-Studie im Jahr 2000 – bereits 2001 einen Maßnahmenkatalog, der verschiedene Zielsetzungen an die Bildungspolitik adressierte, um unter dem Strich im nächsten Monitoring eine bessere Platzierung einzunehmen. Die sieben Handlungsfelder in denen reagiert werden sollte, sind: Erstens, die Steigerung der Sprachkompetenz bereits im vorschulischen Bereich. Zweitens, die bessere Verzahnung von Primar- und Frühbildung zur Schaffung besserer Grundlagen für den Sekundarschulbereich, um dadurch auch den Einfluss des sozio-ökonomischen Status der Herkunftsfamilie zu dezimieren. Drittens, eine Verbesserung der Grundschulbildung im Hinblick auf die drei Kompetenzbereiche der PISA-Untersuchung. Viertens, die Förderung von sogenannten Risikoschülerinnen und Schülern. Fünftens sollte die eingeführte Qualitätssicherung weiter ausgebaut sowie verbindliche Bildungsstandards eingeführt werden. Sechstens, die verstärkte Schulung von Lehrkräften bezüglich Methodik und Diagnostik. Schließlich und letztens sollte ein Ausbau der Ganztagsbetreuung stattfinden (vgl. Knodel, et al. 2010, 72 f).

Alleine dieser Maßnahmenkatalog dokumentiert den enormen Einfluss, der bereits nach der ersten PISA-Studie der OECD zu Teil wird. Zur Konzeptualisierung von weiteren Reformanstößen beschäfitigte sich das Bildungsministerium für Bildung und Forschung mit den Schulsystemen von sechs Staaten, die in der ersten PISA-Studie erfolgreich abgeschnitten hatten, um mögliche Konzepte zu identifizieren, die auch in das deutsche Schulsystem übernommen werden könnten (Bundesministerium für Bildung und Forschung 2007). In diesem Zuge wurde für eine stärkere Schulautonomie plädiert und überprüfbare Bildungsstandards[12] vorgegeben. Gleichzeitig wurde auch eine umfassende Qualitätssicherung[13] eingeführt.

Es ist zu erkennen, dass sich die Gestaltung der Bildungspolitik zunehmend von bestehenden Traditionen löst und sich mehr und mehr an gemessenen Leistungsoutcomes orientiert. Im Gegensatz zur „Vor-PISA-Zeit" richtet sich die Bildungspolitik zu einem großen Teil danach aus, welche Kompetenzen die Schülerinnen und Schüler nach einer Jahrgangsstufe aufweisen sollten.

Zusammenfassend ist das PISA-Bildungsmonitoring für Münch:

> *„Teil und treibende Kraft einer großen Transformation, durch die das Ideal der Bildung als Kulturgut und Fachwissen am Ende vollständig durch das Leitbild der Bildung als Kompetenz und Humankapital ersetzt worden sein wird. Als tiefere Ursache dieser Veränderung haben wir eine Verschiebung der symbolischen Macht weg von der nationalen Bildungselite und hin zu einer neuen, an der naturwissenschaftlichen Methodik geschulten, transnational organisierten Wissenselite identifiziert, die eine Koalition mit der transnationalen Wirtschaftselite eingegangen ist. Diese Verschiebung der symbolischen Macht ist durch die Entwicklung, engere Verflechtung und Stabilisierung transnationaler*

---

12 Die Kultusministerkonferenz hat für das gesamte Bundesgebiet verbindliche Bildungsstandards in Mathematik, Deutsch und der ersten Fremdsprache für den mittleren Bildungsabschluss im Dezember 2003 eingeführt. Für den Hauptschulabschluss wurden die Bildungsstandards in den gleichen Fächern im Oktober 2004 beschlossen. Ebenfalls wurden in diesem Zeitraum für den Primarbereich in Deutsch und Mathematik sowie im Dezember 2004 für den Mittleren Abschluss in Chemie, Physik und Biologie entsprechende Bildungsstandards festgelegt (vgl. Knodel, et al. 2010, 73)
13 Es wurde im Jahr 2004 sogar das Institut zur Qualitätsentwicklung im Bildungswesen (IQB), zur Weiterentwicklung, Operationalisierung und Überprüfung von Bildungsstandards errichtet. Weiterhin entstanden auf Länderebene Agenturen zur Einhaltung von Bildungsstandards.

Akteursnetzwerke (Bildungsforscher), Institutionen (OECD, EU) und Paradigmen vorangetrieben worden" (Münch 2009, 90).

4 Erklärungsansätze zur Bildungsungleichheit

Trotz der jüngsten Veränderungen im deutschen Bildungssystem, die durch die PISA-Studien in Gang gesetzt wurden, ist der Zugang zu Bildungsabschlüssen weiterhin hoch selektiv. Dies äußert sich insbesondere im Zugang zu den Hochschulen. Zwar ist über die Bildungsexpansion hinweg die Bildungsbeteiligung in den Sekundarstufen I und II gestiegen, die soziale Selektivität hat sich dabei allerdings auch auf den Zugang zu Hochschulen umgelagert. So wechseln etwa 88 Prozent der Nachkommen von Akademikern auf die gymnasiale Oberstufe und sogar 94 Prozent dieser Gruppe auf eine Hochschule, während nur 46 Prozent der Kinder von Nicht-Akademikern auf die gymnasiale Oberstufe gelangen und von diesen nur 23 Prozent schließlich auf eine Hochschule wechseln (vgl. Allmendinger, et al. 2010, 55). Im Gegensatz zu den 1960er Jahren ist hierbei nicht mehr die idealtypische Figur der „katholischen Arbeitertochter vom Lande", welche die entscheidenden Parameter der Bildungsbenachteiligung darstellte, sondern wie bereits aufgezeigt sind heute in erster Linie Kinder von un- oder angelernten Arbeitern sowie solche mit Migrationshintergrund, die im deutschen Bildungssystem am stärksten benachteiligten Gruppen (Georg 2006, 7).

Es stellt sich nun die Frage, wie eine soziale Selektivität fortwährend im deutschen Bildungssystem aufrechterhalten werden konnte? In der soziologischen Bildungsforschung sind dabei zwei Erklärungsansätze vorhanden, die auf den ersten Blick konkurrieren, sich auf den zweiten Blick jedoch sogar potentiell ergänzen. Dies ist zum einen der auf Pierre Bourdieu zurückgehende konflikttheoretische Ansatz (Bourdieu und Passeron 1971, Bourdieu 1982, 1983), zum anderen die von Boudon und Goldthorpe entwickelte Rational-Choice-Theorie, die von einem klassen- und akteurspezifischem Verhalten an Übergangsstellen im Bildungssystem ausgehen (Boudon 1974, Becker 2000, Becker und Lauterbach 2004, Goldthorpe 2000).

Bevor nun allerdings diese beiden Theorieströmungen erläutert werden, soll zuerst auf Ursachen zur Benachteiligung von Schülerinnen und Schülern mit Migrationshintergrund eingegangen werden, um diese – zu einem gewissen Teil – unabhängig von Bourdieu, Goldthorpe und Boudon separat zu behandeln.

31

4.1 Ursachen der Benachteiligung von Kindern mit Migrationshintergrund

Wie bereits beschrieben ist der Parameter des Migrationshintergrunds eigentlich erst durch die PISA Studie in die politische und öffentliche Diskussion getreten. Personen ohne Abschluss und ohne Ausbildung werden zu einer immer homogeneren Gruppe, die sozialen Stigmatisierungsprozessen unterliegt. Diese neue Form der Exklusion ist auch in der Gruppe von Jugendlichen mit Migrationshintergrund, beziehungsweise bei Schülern nicht-deutscher Herkunftssprache vorhanden. Die Gruppe der Abschluss- und Ausbildungslosen unterliegt – wie schon aufgezeigt – seit Beginn der Bildungsexpansion einer Defeminisierung und einer Ethnisierung. Insbesondere männliche Personen, die aus der Türkei oder ehemaligen Anwerberstaaten stammen, sind – ob in erster oder zweiter Generation in Deutschland lebend – besonders benachteiligt. Durch die PISA Studie ist deutlich geworden, dass Schüler mit Migrationshintergrund und solche aus niedrigen sozialen Schichten im deutschen Schulsystem nicht genug gefördert werden und deshalb zu einem sehr großen Teil den potenziellen Risikogruppen zuzuordnen sind. Es wurde auf die Unfähigkeit des deutschen Bildungssystems hingewiesen, Minderheiten zu integrieren. Auf diesen Missstand wurde hauptsächlich durch die Ökonomie hinsichtlich der negativen Konsequenzen für die wirtschaftliche Entwicklung aufmerksam gemacht (vgl. Diefenbach 2009, 433).

Es stellt sich nun die Frage, ob es sich bei den empirisch messbaren Bildungsnachteilen von Schülern mit Migrationshintergrund um Benachteiligungen im Sinne struktureller oder von bestimmten Akteuren und/oder Akteursgruppen ausgeübter Diskriminierung handelt? Diese Frage kann allerdings nicht ohne weiteres beantwortet werden, denn „mit dem Begriff der Benachteiligung sind Gerechtigkeitsvorstellungen verbunden, auf deren Grundlage ein Nachteil überhaupt erst als Benachteiligung gelten kann" (ebd. 434). Ist es zum Beispiel gerecht, wenn Schüler weniger gut von ihrem Elternhaus vorbereitet werden, Akkulturationsleistungen erbringen müssen und deshalb schlechtere Noten als Kinder ohne Migrationshintergrund bekommen? Es handelt sich hierbei um eine normative Grundlage der Gerechtigkeitsvorstellung auf der entschieden werden kann. Muss oder soll verschiedener Unterricht gerecht werden und der Unterricht in der jeweiligen Muttersprache gehalten werden? Oder sind Benachteiligungen zwangsläufige Folge?

Aus den IGLU- und PISA-Studien geht hervor, dass Schüler mit Migrationshintergrund schon in der Grundschule gravierende Nachteile gegenüber deutschen Schülern haben, die auch in den weiterführenden Schulen nicht ausgeglichen werden können. Vielmehr hat die frühe Zuteilung in die jeweilige Schulform zur Folge, dass diese Personen auf ein suboptimales Lernklima stoßen – besonders bei dem Wechsel auf eine Haupt- oder

Förderschule – welches die Nachteile beziehungsweise Benachteiligungen kumulativ verstärkt (vgl. ebd. 437).

Es kann also bilanziert werden: Kinder und Jugendliche mit Migrationshintergrund haben Kompetenz- und Zertifikatsnachteile. Dazu kommt, dass diese Gruppe weniger vorschulische Bildung erhält und auch öfter sitzen bleibt[14].

Für die Bildungsnachteile von Kindern mit Migrationshintergrund gibt es verschiedene Erklärungsansätze. Dabei rekurrieren die ersten beiden auf die Herkunftsfamilie und machen diese für die defizitäre Ausgangssituation verantwortlich, während die beiden anderen die Schulen beziehungsweise die Institutionen des Bildungssystems in ihren Fokus stellen.

1. Kulturalistisches Erklärungsmodell („kulturell bedingte Defizite" (ebd. 439): Dieses Erklärungsmodell geht davon aus, dass Kinder mit Migrationshintergrund nicht die Verhaltensweisen, Fähigkeiten und Kenntnisse aufweisen, die solche auf gleicher Entwicklungsstufe ohne Migrationshintergrund aufweisen, die aber in den entsprechenden Bildungs- und Erziehungsinstitutionen als normal gelten. Es wird von einer kulturell bedingten „Basispersönlichkeit" (ebd. 440) ausgegangen, die im Laufe der familiären Sozialisation angeeignet wurde und später nur schwer verändert werden kann. Dies ist ein Rassismus, der nicht biologische, sondern defizitäre kulturelle Kriterien beschreibt. Vermeintlich scheint die traditionelle Haltung gegenüber der Schule und dem Lernen (beispielsweise bei den Schülerinnen und Schülern mit türkischem Migrationshintergrund) mit dem modernen deutschen Schulalltag unvereinbar. Kinder mit Migrationshintergrund leben zwischen zwei Kulturen und teilweise werden andere Kulturen auch von den Eltern abgelehnt. Diesen Kindern fällt es besonders schwer, entsprechende Akkulturationsleistungen zu erbringen und damit auch mit den kulturellen Codes zu brechen (siehe auch Jungbauer-Gans 2006, 178).

2. Humankapitaltheoretisches Erklärungsmodell (Investitionen der Eltern in die Bildung ihrer Kinder): Das Modell beschäftigt sich mit dem Aufbau von relevantem Humankapital in Kindern durch ihre Eltern. Es wird angenommen, dass je mehr Zeit die Eltern sinnvoll mit ihren Kindern verbringen, dieses sich vorteilhaft für diese im Bildungssystem auswirkt. Für die Humankapitaltheoretiker sind dabei die

---

14 Dabei wurden allerdings Unterschiede zwischen Bundesländern und ethnischer Herkunft festgestellt (vgl. Diefenbach 2009, 439).

Bildung der Eltern sowie deren Einkommen entscheidend. Letzteres ist insofern von Belang, als dass materielle Kosten für Lernspielzeug oder Nachhilfe – zur Förderung – aufgewendet werden können. Im Hinblick auf die Zeit, die die Eltern mit ihren Kindern verbringen, sind mehrere Geschwister nachteilig, da aus dieser Konstellation die Konsequenz entsteht, dass weniger Zeit für das einzelne Kind aufgewendet werden kann. Da die Eltern von Kindern mit Migrationshintergrund im Schnitt also weniger gebildet sind, weniger verdienen und drittens mehr Kinder haben, gelingt der Aufbau von Humankapital nicht in dem Maße wie es den Kindern ohne Migrationshintergrund gelingt (siehe auch ebd., 178 f).

3. „Erklärung durch Merkmale des schulischen Kontextes" (ebd. 442); soziale Zusammensetzung der Klasse, die Größe der Klasse, usw.: Der Ausgangspunkt dieses Erklärungsmodell liegt in der Wichtigkeit des schulischen Kontextes, welcher die Effizienz von Lernprozessen beeinflusst. Die verschieden Schultypen stellen selektive und homogenisierte Klassen heraus. Als Folge der Zuweisung in einen weiterführenden Schultyp des hierarchisch gegliederten Schulsystems werden schlechte Leistungen in der Grundschule einfach weitergeführt und dementsprechend verringern sich die Lernchancen des Kindes. Daraus folgen wiederum schlechtere zukünftige Leistungen, aus denen sich auch niedrigerwertige Bildungsabschlüsse ergeben. Die Präsenz vieler Kinder mit Migrationshintergrund beeinflusst die Leistung beziehungsweise die Lernfortschritte der gesamten Klasse, da eine hohe Konzentration dieser Gruppe diesen ermöglicht, sich auch in der Schule außerhalb des Unterrichts in einer anderen Sprache als Deutsch zu unterhalten. Für das Argument des suboptimalen Lernkontextes spricht, dass in einem integrierten Schulsystem die Differenzen bei den Sekundar-schulabschlüssen zwischen Schülerinnen und Schülern mit und ohne Migrationshintergrund nicht so stark ausfallen wie in einem gegliederten Schulsystem.

4. Institutionelle Diskriminierung: Dieses Erklärungsmodell geht davon aus, dass die Bildungsinstitution einer Systemlogik folgt, „nach der sie ihre Funktionen, darunter die Selektion von Schülern, mit ihren Organisationsinteressen, vor allem der Erhaltung ihres Bestands, in Einklang miteinander bringen müssen" (ebd. 444). Unter zwei Prämissen betreiben die Institutionen ihre obligatorische Selektion (dies beinhaltet Klassenwiederholungen, Rückstellungen bei der Einschulung oder die Überweisung auf Sonder- oder Förderschulen): Zum einen ist dies eine leistungsbezogene Auslese der Schüler und zum anderen eine Auslese auf Selbsterhaltung. Dabei entspricht es den Organisationsinteressen, die Schüler

auszusortieren, deren Aussonderung leicht legitimiert werden kann und dass gleichzeitig durch deren Eliminierung die größtmögliche Entlastung für die Institution erreicht wird. Gerade diese Kriterien treffen auf die Schülerinnen und Schüler mit Migrationshintergrund zu, da deren Aussortierung leicht zu legitimieren ist. Zudem wird durch die sprachliche und kulturelle Homogenität der Unterricht für den Lehrenden leichter. Vom Standpunkt der Systemlogik aus erscheint es also als rational, eine Gruppe zu diskriminieren und muss als unbewusster Prozess verstanden werden(vgl. ebd. 445). Die aktive Rolle der Schule bei der Benachteiligung von Schülerinnen und Schülern mit Migrationshintergrund (oder auch bei Nachkommen bildungsferner Schichten) wird in verschiedenen Erklärungsansätzen außer Acht gelassen. Mitunter bilden die Differenzierungen, die die Institutionen treffen (beispielsweise: Migrationshintergrund/ kein Migrationshintergrund), die Grundlage, auf der die institutionelle Diskriminierung stattfindet.

Ein universeller Geltungsanspruch ist wohl für keinen dieser Ansätze vorbehalten. Vielmehr werden durch die vier Erklärungsmodelle verschiedene Faktoren benannt, die für die Benachteiligung von Schülerinnen und Schülern mit Migrationshintergrund im deutschen Schulsystem verantwortlich sind.

4.2 Erklärungsansätze zur Bildungsungleichheit

Entgegen dem meritokratischen Postulat des deutschen Bildungssystems ist dessen vorgebliche Durchlässigkeit geprägt von sozialen Ungleichheiten. Die Bildungschancen sind – nicht erst seit den Untersuchungen der PISA-Studien – bewiesenermaßen sozialschichtabhängig. Damit geht auch indirekt eine Reproduktion des sozialen Status einher (vgl. Solga 2009, Weil und Lauterbach 2009).

Da die Kinder in den Institutionen des Bildungssystems trotz ungleicher sozialer und kultureller ‚Startkapitalien' (Vester 2006, 14) gleich behandelt und beurteilt werden, werden sie durch diese Art der Sortierung in das hierarchisch gegliederte Berufssystem gelenkt, sodass sich die Chancen eines sozialen Aufstiegs erheblich verringern. Im Bildungssystem werden dabei die Unterschiede in Kapitalausstattung in individuelle Begabungsunterschiede umgedeutet.

Trotz des Wandels der „input-" hin zu einer „outputorientierung", also die bereits durchgeführte Durchsetzung von Leistungsstandards und deren Überprüfung, werden die internen und externen Prozesse, die für die Ungleichheit verantwortlich sind, zumindest nicht schwerpunktmäßig untersucht beziehungsweise thematisiert. Die durch das mediale Echo der PISA-Studien angestoßenen Reformmaßnahmen beschränken sich insbesondere darauf, die Anzahl der Schülerinnen und Schüler, die den Risikogruppen zuzuordnen sind, zu dezimieren (vgl. Knodel, et al. 2010, 72), ohne die Ursachen der Leistungsunterschiede selbst zu beleuchten.

Wie bereits eingeleitet sollen hier zwei Hauptströmungen der Erklärung sozial ungleicher Bildungschancen dargestellt beziehungsweise auch verglichen werden. Zum einen ist dies der makrosoziologische Ansatz nach Bourdieu, welcher die ständische Organisierung von Klasseninteressen zum Ausgangspunkt nimmt und zum anderen das (unter anderem) auf Boudon und Goldthorpe zurückgehende mesosoziologische Modell – der Rational-Choice-Ansatz –, das klassen- und schichtspezifische Übergangsentscheidungen hinsichtlich eines Kosten-Nutzen-Kalküls ins Zentrum der Theorie stellt.

Beide Ansätze „gehen dabei ursprünglich von Webers Konzept einer nach ‚Erwerbsklassen' gegliederten Gesellschaftsordnung und des zwischen ihnen bestehenden vertikalen Gefälles an Macht und biographischen Chancen aus" (Vester 2006, 15). Die relativen Chancen des sozialen Aufstiegs beziehungsweise die Erreichung höherer Positionen in der Hierarchie der Berufspositionen durch Bildungsabschlüsse sind trotz Verbesserungen sehr ungleich nach sozialer Herkunft verteilt. Beide Ansätze haben natürlich auch auf Strukturveränderungen reagiert und wurden dementsprechend weiterentwickelt. Sowohl das bourdieusche Modell als auch das Boudon-Goldthorpe-Paradigma erklären die Bildungsungleichheit durch klassenspezifisches Handeln, jedoch aus unterschiedlichen Perspektiven (vgl. ebd., 16). Dabei zeigen diese sich sogar teilweise kompatibel miteinander.

4.2.1 Die Rational-Choice-Theorie

Die verschiedenen Varianten der Rational-Choice-Theorie gehen von einem spezifischen Handeln der Familien aus unterschiedlichen Erwerbsklassen aus. Deren Bestreben sei die Reproduktion oder die Verbesserung des sozialen Status hinsichtlich der Zugehörigkeit zu deren entsprechenden Erwerbsklasse. Dies soll vorrangig durch zwei ‚Herkunftseffekte' (ebd.) geschehen. Erstens durch den ‚primären Herkunftseffekt' (ebd.), unter welchem die Aneignung kognitiver Kompetenzen durch die Sozialisation im Elternhaus verstanden wird. Die soziale Herkunft bietet dabei die entscheidende Grundlage für die Verfügung über kognitive Fähigkeiten, sprachliche und soziale Kompetenzen sowie mittelbar dadurch über die Schulleistungen der Nachkommen.

Als ‚sekundärer Herkunftseffekt' (ebd.) wird heute vorwiegend die elterliche Schulwahlentscheidung betrachtet. Nach Varianten der Rational-Choice-Theorie wägen die Eltern diese Entscheidung unter drei Gesichtspunkten ab. Dies sind die zu erbringenden ‚Bildungskosten', die durch den Bildungsabschluss erreichbaren ‚Bildungsrenditen' (also Berufs- oder Einkommenschancen, die den Erhalt oder Aufstieg des sozialen Status gewährleisten sollen) und die ‚Erfolgswahrscheinlichkeit' des zu bewältigenden Bildungsgangs. Das zentrale Motiv hinter der Bildungsentscheidung ist dabei der Statuserhalt. Die soziale Herkunft hinsichtlich der vertikalen Differenzierung von Erwerbsklassen (nach Boudon) beeinflusst dabei die Abwägung dieser drei Komponenten. Die Aufstiegsdistanzen, die die Nachkommen aus verschiedenen sozioökonomischen Lagen durch ihre Bildungsabschlüsse überbrücken, unterscheiden sich eben nach der sozialen Herkunft. Je höher die Aufstiegsdistanz ist, desto größer ist auch die Unsicherheit beziehungsweise sind die Unwägbarkeiten der Kalkulation von ‚Bildungskosten', ‚Bildungsrenditen' und ‚Erfolgswahrscheinlichkeit'. Letztere ist in höheren Herkunftsmilieus nicht nur wegen der Unterstützung verschiedener Art durch Eltern und soziales Umfeld größer, sondern auch die Erfahrungen der Eltern, die beispielsweise ein Universitätsstudium absolviert haben, sind dabei hilfreich. Dies äußert sich nicht zuletzt in den bereits dargelegten Statistiken zum Universitätsbesuch, in denen gezeigt wird, dass 94 Prozent der Nachkommen von Akademikern, die auf die gymnasiale Oberstufe gelangen, auch ein Universitätsstudium aufnehmen, während dies nur 23 Prozent der Nicht-Akademikerkinder tun (vgl. Allmendinger, et al. 2010, 55).

Varianten der Rational-Choice-Theorie, die etwa die Erfahrungen der Eltern miteinbeziehen, rücken ein Stück an das Habituskonzept von Bourdieu heran. „Dieses erklärt ja die Gravitation und Reproduktion der Klassenunterschiede aus der historischen und generationenübergreifenden Akkumulation von Ressourcen, Kompetenzen, Wahrnehmungs- und Geschmacksmustern und Strategien der Reproduktion des Klassenstatus" (Vester 2006, 17).

Goldthorpe (2000) benennt lediglich zwei Idealtypen der Entscheidungsmuster. Diese beleuchten aber im Grunde nur die Spannweite der Erscheinungen ohne die real existierenden unterschiedlichen Strategien und Typen zu differenzieren. Die Strategien dieser zwei Idealtypen sind zum einen die Entscheidungsmuster der Arbeiterklasse, die eher eine Entscheidung zu Gunsten höherer Bildung ablehnten, da diese höhere Bildung nicht für deren Statuserhalt notwendig ist und darüber hinaus die Erfolgsaussichten (nicht zuletzt wegen fehlender familiärer Erfahrungen) unsicher erscheinen. Die Bildungsentscheidungen in diesen Familien werden also auf Basis eines Kosten-Nutzen-Kalküls gefällt. Damit werden häufiger weniger anspruchsvolle, mit weniger

Bildungsinvestititionen verbundene Bildungsgänge gewählt, die aber dennoch vor einer unqualifizierten Tätigkeit oder insbesondere Arbeitslosigkeit schützen sollen. Der andere Idealtypus ist das Entscheidungsmuster der Dienstklasse. Die Entscheidungen zu Gunsten höherer Bildung ist für deren Statuserhalt unabdingbar. Außerdem ist deren Zuversicht beziehungsweise sind deren Erfolgsaussichten in der Bewältigung der höheren Bildungsgänge deutlich höher (vgl. Vester 2006, 17).

Bei der Planung der Bildungskarrieren der Eltern für ihre Kinder werden diese Unterschiede deutlich: Bei gleichen Schulleistungen differerieren die Bildungs-entscheidungen schichtspezifisch in erheblicher Art und Weise. Während selbst bei mittelmäßigen Leistungen in der Grundschule eine gymnasiale Laufbahn für eine überwiegende Mehrheit der Nachkommen der Oberschicht vorgesehen ist, schlägt der größte Anteil der Kinder aus der Arbeiterschicht mit entsprechenden Schulnoten in der Primarstufe den Bildungsweg Gymnasium nicht ein (vgl. Geißler 1994, 131 f).

Die institutionellen Voraussetzungen des deutschen Bildungssystems sind unter den Gesichtspunkten des Rational-Choice-Ansatzes laut Walter Müller (2004, 8) „eine optimale Konstruktion, wenn man möglichst große Ungleichheiten produzieren will." Dies ist insbesondere auf drei Spezifika des deutschen Systems zurückzuführen. Zuerst ist es die besonders frühe Aufteilung der Kinder zur weiterführenden Schulform. Diese Zuteilung – zumeist bereits nach der vierten Klasse – erschwert Eltern aus unteren Schichten die Einschätzung der Leistungsfähigkeit ihrer Nachkommen, weshalb diese eher bestrebt sind, weniger riskante und anspruchsvolle Bildungsgänge für ihre Kinder zu wählen. Des Weiteren führt die Attraktivität der berufsbezogenen Bildung zu einer Bevorzugung von Bildungsgängen, die für die Einmündung in eine berufliche Ausbilung ausreichend sind. Mit vergleichsweise geringen Bildungsinvestitionen kann der Übergang in eine solche berufsbezogene Ausbildung, die in qualifizierte Erwerbspositionen führt und geringe Arbeitslosigkeitsrisiken birgt, bewerkstelligt werden. Drittens und letztens sind die Übergangsentscheidungen, die in der komplexen Struktur des berufsbildenden und allgemeinen Ausbildungssystems getroffen werden, wegen der enormen Segmentierung der Bildungsgänge nur schwer revidierbar (vgl. Müller und Pollak 2004, 315-317).

An dieser Stelle muss darauf hingewiesen werden, dass sich die vertikalen Klassenunterschiede aber nicht einfach reproduzieren. Insbesondere durch die Bildungsexpansion (vgl. Kapitel 2) ist die Bildungsbeteiligung in allen Schichten gestiegen. Ulrich Beck (1986, 122) etablierte für diesen Prozess den Begriff des „Fahrstuhleffekts." Während also die Forschung im Sinne der Rational-Choice-Theorie das fortwährende Bestehen von relativen Klassenunterschieden belegt, hat über die Bildungsexpansion hinweg auch eine Expansion der Berufsausbildungen stattgefunden und die damit einhergehende Ausdehnung und Professionalisierung mittlerer Schul- und Berufsabschlüsse. Letztere führen heute – entgegen einiger Thesen einer „Bildunginflation" – noch relativ sicher zum angestrebten Berufsziel. Somit kann festgehalten werden, dass ungleiche Chancen nicht erst am Übergang zwischen Ausbildung und Berufseinstieg entstehen, sondern dass bereits im Kindesalter eine soziale Sortierung stattfindet.

Diese These muss aber noch um eine Entwicklung erweitert werden. Aufgrund einer von der Politik initiierten Eindämmung des Ausbaus des öffentlichen Dienstleistungssektors, sind die entsprechenden Positionen limitiert, weshalb einige besser Qualifizierte einen Beruf ausüben müssen, der eine ‚Kaskadenstufe' (Vester 2006, 20) niedriger liegt. Davon sind einige Berufsgruppen und besonders Frauen betroffen. Dieser ‚Kaskadeneffekt' führt zu einer Verdrängung bis in die untersten Berufsgruppen hinein, aus welchen schließlich die Geringqualifizierten in die Arbeitslosigkeit gedrängt werden.

Eine weitere Entwicklung ist die der heutigen nichttertiären Ausbildungsalternativen nach dem Abitur. Galt das Gymnasium bis Anfang der Bildungsexpansion noch als Königsweg in die obere Dienstklasse, nimmt heute nur noch etwa die Hälfte der Abituriten eines Jahrgangs ein Studium auf. Neben dem Universitätsstudium können die Wahlalternativen auch auf die Fachhochschule, die Berufsausbildung oder auch auf die Entscheidung keiner weiteren Qualifikation fallen. Ähnlich wie beim Übergang von der Primar- zur Sekundarstufe fällt die (Selbst-) Selektion schichtspezifisch aus und generiert dadurch erneut soziale Ungleichheit an dieser Gelenkstelle.

Allgemein ist zu „erwarten, dass der Abbau von sozialer Selektivität in den unteren Stufen des Bildungswesens durch zunehmende Selektivität in den höheren Stufen zumindest teilweise kompensiert wird. Je universeller Bildung im Primar- und Sekundarbereich wird, umso wahrscheinlicher ist es, dass Ungleichheit produzierende Maßnahmen verstärkt im Tertiärbereich zum Zuge kommen" (Müller und Pollak 2004, 312).

4.2.2 Das Weber-Boudieu-Paradigma

Bildungsungleichheit ist laut Bourdieu in erster Linie auf unterschiedliche Bildungsvoraussetzungen zurückzuführen. Die ‚konservative Schule' (Bourdieu 2001, 10) begünstige dabei einen bildungsbürgerlichen Habitus. Kinder aus privilegierten Familien brächten die informellen Anforderungen höherer Bildungsgänge (wie Sprache, Ausdrucksformen oder Allgemeinbildung) mit, während wiederum Angehörige bildungsferner Schichten nicht über diese verfügten. Selbst bei einem erfolgreichen

Durchlaufen höherer Bildungsgänge seien Nachkommen bildungsferner Schichten aufgrund defizitärer Kapitalausstattung beispielsweise auch weiterhin in Prüfungen benachteiligt.

Bourdieu weist darauf hin, dass Lebenschancen in Industriegesellschaften primär über Bildungstitel zugänglich werden und dass deshalb das kulturelle Kapital, welches maßgeblich in den Familien vermittelt wird und in erheblichem Maße für den Erfolg im Schulsystem verantwortlich ist, in seinem Stellenwert nicht zu unterschätzen ist. Vermittelt über das kulturelle Kapital kommt dem Bildungswesen die Funktion zur Reproduktion der Sozialordnung zu. Aus diesem Grund entwickelte Bourdieu seine Idee einer rationalen Pädagogik. Diese solle die Defizite beziehungsweise die Differenzen in Kapitalausstattung zwischen Kindern des Bildungsbürgertums und Nachkommen bildungsferner Schichten identifizieren und diese systematisch in die Curricula mit einbeziehen. „Statt einer impliziten Pädagogik des Laissez-faire, die nur die begünstigt, die Vertrautheit mit Lerninhalten und Fähigkeiten zu selbständigem Arbeiten bereits mitbringen, müsste eine rationale Pädagogik Lernvoraussetzungen wie Ziele explizit machen und klar definierte Lernschritte mit direkter Überprüfung der Resultate entwickeln" (ebd. 12). Dadurch würde nicht mehr von den kulturellen Ungleichheiten der Kinder abstrahiert werden, sondern diese würden offen gelegt nicht mehr zu faktischer Benachteiligung führen.

Zuallererst dürfe aber nicht die Pädagogik primär in der Kritik um Chancengleichheit beziehungsweise Chancengerechtigkeit stehen, sondern die Bildungspolitik müsse zunächst entsprechende Voraussetzungen schaffen, um eine Pädagogik zu ermöglichen, die fähig ist, Disparitäten zu reduzieren und damit auch faktische Chancengleichheit zu schaffen.

Kinder aus verschiedenen Herkunftsmilieus bekommen auf „eher indirekten als direkten Wegen ein bestimmtes *kulturelles Kapital* und ein bestimmtes *Ethos*, ein System impliziter und tief verinnerlichter Werte, das u.a. auch die Einstellungen zum kulturellen Kapital und zur schulischen Institution entscheidend beeinflusst" (ebd. 26) vermittelt. Insbesondere in den ersten Schuljahren bildet der Sprachcode beziehungsweise das Verständnis und die Beherrschung der geforderten Sprachkultur die Basis für das Lehrerurteil, welches gravierende Folgen für den weiteren Bildungsverlauf und damit die Lebenschancen eines Individuums hat. Auch Bernstein (1975) diagnostiziert die Sprache als folgenreiche Ursache für unterschiedliche Bildungschancen und bezeichnete die Sprachkultur der Unterschicht dabei als „restringierten Sprachcode", welcher sich negativ im Schulsystem auswirke. Diese sprachlichen Qualitätsunterschiede haben aber nicht nur Konsequenzen in den ersten Schuljahren, sondern gehen laut Bourdieu weit darüber hinaus. „In allen universitären Laufbahnen, selbst den wissenschaftlichsten" wird „der Reichtum, die Differenziertheit und der Stil des Ausdrucks implizit oder explizit, bewusst oder unbewusst in Rechnung gestellt" (Bourdieu 2001, 30 f). Dies gilt aber nicht nur für universitäre Laufbahnen: In einer derart segmentierten Gesellschaft dient, was Bourdieu als Habitus bezeichnet, als Instrument der Selektion in nahezu allen Berufsfeldern und auf den entsprechenden Hierarchieebenen.

„Der bedeutendste und im Zusammenhang mit der Schule wirksamste Teil des kulturellen Erbes, die zweckfreie Bildung und die Sprache, wird auf osmotische Weise übertragen, ohne jedes methodische Bemühen und jede manifeste Einwirkung. Und gerade das trägt dazu bei, die Angehörigen der gebildeten Klasse in ihrer Überzeugung zu bestärken, dass sie diese Kenntnisse, diese Fähigkeiten und diese Einstellungen, die ihnen nie als das Resultat von Lernprozessen erscheinen, nur ihrer Begabung zu verdanken haben" (ebd., 31). An diesem Punkt tritt die Ideologie des Leistungsprinzips in den Vordergrund: Individuelle Leistung wird lediglich als Resultat natürlicher Begabung verkannt und diese dient letztendlich als Auslesekriterium des Bildungssystems. Es ist dem Bildungssystem gelungen, sich als Instrument zu etablieren, das legitimiert und anerkannt für die Exklusion verschiedener Akteure sorgt: „Von unten bis nach oben funktioniert das Schulsystem, als bestände seine Funktion nicht darin, auszubilden, sondern zu eliminieren. Besser: in dem Maß, wie es eliminiert, gelingt es ihm, die Verlierer davon zu überzeugen, dass sie selbst für ihre Eliminierung verantwortlich sind" (ebd., 21). Die Lehrkräfte scheint das familiäre und kulturelle Erbe bei der Bewertung der Kinder dahingehend zu beeinflussen, welche Empfehlung sie für den Besuch der weiteren Schulform aussprechen (vgl. Bourdieu 2001, 32; Geißler 1994, 145 f). Kinder bildungsferner Schichten haben in diesem Zusammenhang in verschiedenem Maße Akkulturationsleistungen zu erbringen, um den Anforderungen des Bildungswesens gerecht zu werden (vgl. Vester 2006, 32). In empirischen Studien wurde festgestellt, dass die Lehrkräfte diese Akkulturationsleistungen als aufgezwungene Verhaltensanpassung interpretieren und daher die entsprechenden schulischen Leistungen eher auf den Fleiß des Schülers als auf dessen Begabung zurückführen. Vielfach trauen sie diesen Schülern kein erfolgreiches Durchlaufen des gymnasialen Bildungsgangs zu und raten den Eltern daher zu weniger ambitionierten Bildungswegen. Vester (2006, 49) bezeichnet die Bildungsinstitutionen daher treffend als „Lernanstalt und als Stätte der klassenbezogenen Akkulturation", die „als Einrichtungen der *Fachkulturen* die Kooptation in die Kulturen der verschiedenen, (…) höheren Bildungsmilieus regeln." Die Lehrenden – die selbst diesem System entstammen – wenden bei der Bewertung ihrer SchülerInnen beziehungsweise Studierenden bildungsbürgerliche Maßstäbe und einen bildungsbürgerlichen Wertethos unbewusst an und begünstigen beziehungsweise benachteiligen deshalb Nachkommen aus unterschiedlichen Sozialschichten (vgl. Bourdieu 2001, 40 ff).

Im allgemeinen Diskurs und auch bei der Lehrempfehlung wird die schulische Leistung eines Individuums auf seine Begabung zurückgeführt und nicht mit dessen Sozialisation verknüpft. „Das Zirkuläre dieser Denkfigur liegt darin, dass von Leistung unvermittelt auf Begabung geschlossen wird, diese aber als Ursache der Leistung herhalten soll" (Markard 2005). Es ist bisher aber keine empirische Messmethode entwickelt worden, die Begabung frei von Leistung messen kann. Die Begabungsideologie wirkt so als „Erweckungspädagogik, (…) die die in einigen Ausnahmeindividuen schlummernden ‚Talente' durch Verzauberungstechniken (…) wecken will" (Bourdieu 2001: 39). Mit der Kritik des Begabungsbegriffs soll die Existenz unterschiedlicher Leistungsniveaus nicht geleumdet werden, vielmehr kann aufgrund fehlender Abstraktionsmöglichkeiten nicht von einer apriori vorhandenen Begabung ausgegangen werden, solange gesellschaftiche Bedingungen nicht ausgeblendet werden können. Eben dieser allgemeine Diskurs führt zur Naturalisierung von Begabungsunterschieden und legitimiert dadurch Bildungsungleichheiten.

Entsprechende Akkulturationsleistungen bleiben aber nicht auf den Primar- oder Sekundarbereich beschränkt, sondern reichen wie auch die Sprache (die selbstverständlich auch zu den Akkulturationsleistungen zu zählen ist) bis in den tertiären Sektor, allen voran in die Universitäten hinein. Die akademische Sprache und die wissenschaftlichen Diskurse lassen in den Nachkommen bildungsferner Schichten Selbstzweifel erwachen, die letztendlich (und auch nicht zu selten) zu deren Selbsteliminierung führen können. Dies kann ebenfalls als Indikator für den Doppelcharakter der Bildungsinstitutionen betrachtet werden: Sie sind nicht nur Orte der Wissensvermittlung, sondern „indem sie die milieuspezifischen Bildungszugänge und Studienstrategien nicht als gleichermaßen legitim anerkennen, tragen die Universität und ihre Akteure zugleich ihren Teil zur Reproduktion ungleicher Bildungschancen und sozialer Klassen bei" (Lange-Vester und Teiwes-Kügler 2006, 88). Es sind letztendlich diese subtilen Mechanismen, die eine subjektiv unüberwindbare Diskrepanz zwischen inkorporierten Möglichkeiten und Erfolgsaussichten erzeugen können, die schließlich zur Selbsteliminierung führen.

Das kulturalistische Erklärungsmodell für die Bildungsbenachteiligung von Migranten lässt such auch auf bildungsferne Schichten anwenden. Einstellungen zur Schule, zur Schulbildung (Bildungsaspiration) und der durch die Ausbildung gebotenen Zukunft differieren schichtspezifisch. Es werden zum größten Teil Übereinstimmungen zwischen

42

dem Willen der Eltern und den tatsächlichen Bildungsentscheidungen festgestellt. Dieser „Wille" entspringt aber aus der Zugehörigkeit zu einer sozialen Schicht mit ihren implizit und explizit geteilten Werten sowie aus unmittelbaren und mittelbaren individuellen Erfahrungen (beispielsweise dem Scheitern oder bloßen Teilerfolgen von Kindern aus der Nachbarschaft) oder statistischen Befunden, die sich als objektive Chancen manifestieren. Bei der Zugehörigkeit zu einer sozialen Klasse wird ein konventionelles Handeln konstruiert, welchem die Angehörigen dieser sozialen Klasse mit einer höheren Wahrscheinlichkeit folgen, während andere Handlungsalternativen durch die Internalisierung objektiver Chancen für die Angehörigen teilweise gar nicht in Betracht kommen.

Bourdieu identifiziert also ebenfalls die elterliche beziehungsweise die persönliche Bildungsentscheidung als Ungleichheit-produzierenden Faktor. Allerdings bildet jene – im Gegensatz zur Rational-Choice-Theorie – nicht die Basis seines Ansatzes und führt die Entscheidungen zudem vielmehr auf sozio-kulturelle Ursachen als auf ein langfristig angelegtes Kosten-Nutzen-Kalkül zurück. Damit soll aber nicht die Unvereinbarkeit beider Ansätze begründet werden, sondern Lange-Vester und Teiwes-Kügler (2006, 60) sind eher der Ansicht, „dass rationale Entscheidungen üblicherweise mit den inkorporierten Schemata des Habitus zusammenfallen."

Zusammenfassend ist also festzuhalten, dass sich beide Theorieströmungen teilweise ergänzen und deshalb auch Konzepte voneinander übernehmen und weiterentwickeln sollten. So kann der Boudon-Goldthorpe-Ansatz über die „vertikale und institutionellen Dimensionen der Bildungssegregation (...) das Fortbestehen von relativen Bildungsprivilegien erklären" (Vester 2006, 21). Dagegen beleuchtet der an Bourdieu orientierte Erklärungsansatz die „horizontale und sozio-kulturelle Dimension der Bildungssegregation" (ebd.).

Letzterer, der an einer rein sozio-kulturellen Diskriminierung festhält, erscheint angesichts der empirischen Ergebnisse einer an dem Boudon-Goldthorpe-Paradigma orientierten Forschung, die Verbesserungen der relativen Bildungsbeteiligung belegen, als unzureichend. Die an Bourdieu orientierte Strömung „darf sich nicht auf ihr Spezifikum, die sozio-kulturellen Distinktionsprozesse, reduzieren, sondern muss sich auf deren Kontext, ein umfassendes, aus der Weberschen Korrektur an Marx entwickeltes Konzept der gesellschaftlichen Ordnungen und Kämpfe, das die institutionelle Regulierung einbezieht, besinnen" (ebd., 22).

Aber auch umgekehrt können bestimmte Phänomene nicht ausschließlich auf Basis des Boudon-Goldthorpe-Paradigmas erklärt werden. Dieser Theoriestrom öffnen und weiterentwickeln um adäquat auf jene Phänomene zu reagieren.

Für die Forschungspraxis und die Weiterentwicklung relevant sind – nicht zuletzt aufgrund der Vereinbarkeit mit Schlüssenkonzepten der Rational-Choice-Theorie – verschiedene Konzepte Bourdieus. Zum einen ist dies das Konzept des in der Sozialisation innerhalb der Familie vermittelten und weitergegebenen Habitus, welcher weitestgehend unzureichend im Boudon-Goldthorpe-Paradigma als primärer Herkunftseffekt zusammengefasst wird. Zum anderen sind Konzepte der Reproduktions- und Umstellungsstrategien zur Sicherung und Erkämpfung der Position der Familien im sozialen Raum relevant, von welchem auch auf die Möbilität in selbigem rekurriert werden kann. Ebenso eröffnet sich hierbei die Perpektive für Veränderungen der Raumstruktur: „Für diese Veränderungen ist die *Dynamik der horizontalen Achse*, die im Widerspruch zur vertikalen Privilegienordnung steht, der entscheidende Impuls" (ebd.).

Becker und Lauterbach (2004, 10 f) machen aber darauf aufmerksam, dass es „an theoretischen wie empirisch fundierten Erklärungen für Zustandekommen und Dauerhaftigkeit von Bildungsungleichheiten und sozialer Herkunft" mangelt. Die Bildungsentscheidungen der Eltern können nicht als freie Wahl angesehen werden, sondern seien abhängig von institutionellen Vorgaben und herkunftsbedingten Leistungsunterschieden der Nachkommen. Die Mechanismen, die für den „Zusammenhang zwischen Klassenlage des Elternhauses, der schulischen Performanz und der elterlichen Bildungsentscheidung verantwortlich sind" (ebd. 13), seien noch unzureichend erforscht. „Eher dienen die primären und sekundären Herkunftseffekte als ‚Brückenannahmen', ohne dass ihre Existenz und Funktionsweise empirisch exakt erfasst wurde und daher als empirisch bewährte Argumente gelten können" (ebd.).

Erst durch deren Offenlegung seien sinnvolle Reformmaßnahmen möglich. Reformvorschläge, die durch die OECD auf Basis der PISA-Studie vorgelegt und auch zum größten Teil übernommen wurden (vgl. Kapitel 3.2.6), wurden auf einer unzureichenden theoretischen und empirischen Grundlage ausgearbeitet.

Bei den angesprochenen „Brückenannahmen" ist das rationale Abwägen „zwischen Möglichkeiten und Chancen durchaus sinnvoll, denn sie ist sehr wohl Bestandteil der Abwägungen in den Familien, aber steht auch im Zusammenhang mit anderen – geschmacklichen, traditionellen usw. – Dimensionen der sozialen Erfahrung. Im Normalfall, so ist anzunehmen, geht beides mehr oder minder *parallel*, so dass die rationale Wahlentscheidung nach Boudon sich bei empirischen Untersuchungen durchaus als geeigneter Indikator bewährt" (Vester 2006, 26).

5 Fazit

Bildungspolitische Erfolge konnten im Zuge der Bildungsexpansion zwar im Hinblick auf die absoluten Zuwächse in der Bildungsbeteiligung erzielt werden, allerdings haben sich die Bildungsdisparitäten vor allem in der höheren Bildung so gut wie nicht geändert. War einst vorwiegend der sozioökonomische Status des Elternhauses für den Bildungserfolg des Nachwuchses verantwortlich, hat sich diese Korrelation zugunsten des Bildungsniveaus der Eltern gewandelt. Es sind durch Bildungsreformen Erfolge im Kampf gegen Bildungsungleichheiten erzielt worden, jedoch wurde die von Dahrendorf prognostizierte Aufhebung von Bildungsungleichheiten infolge eines vermehrten Angebots an Bildungsmöglichkeiten nicht in dem erhofften Maße erreicht. Bildungsreformen sind aufgrund der Vernachlässigung der Faktoren des sozioökonomischen Status der Herkunftsfamilie, der Bildungsentscheidungen und der schichtspezifischen Lernvoraussetzungen mehr als unzureichend, um Chancengleichheit herzustellen. Des Weiteren lassen sie auch das zwischen den Schichten differierende Bildungsverhalten außer Acht. Laut Erikson und Jonsson (1996) sind für die Aufhebung der Bildungsungleichheit in Deutschland vier Umstände vonnöten:

Erstens sei dies die Aufhebung der frühen Selektion nach der Grundschulzeit, denn im mehrgliedrigen deutschen Schulsystem trägt die elterliche Entscheidung zum Übergang in die weiterführende Schule eher zum Fortbestand von Bildungsungleichheiten als zur intendierten Steigerung des Leistungsniveaus durch vermeintlich homogene Leistungsgruppen bei (vgl. Becker und Schubert 2006). Die Zuordnung zu Schullaufbahnen hat neben der Segregation nach sozialer Herkunft auch andere nicht-intendierte Konsequenzen: Leistungspotenzial geht, wie ausführlich dargelegt wurde, ebenso durch systematische Fehlzuschreibungen von Leistungsfähigkeit sprich die sozial selektive Zuordnung zu anregungsärmeren Schullaufbahnen und Lernumwelten verloren (siehe dazu ebenfalls: Ditton 2004; Solga und Wagner 2001).

- Andere Nationalstaaten, darunter jene Staaten, die bei den PISA-Studien erfolgreich abgeschnitten haben, besitzen kein mehrgliedriges Schulsystem und deren Gesellschaften sind bis in die Elitepositionen hinein weitaus offener als die deutsche. Außerdem ist eine bessere Leistungsförderung durch homogene Klassen empirisch nicht bewiesen. Einzelne Reformen oder Pilotprojekte, die nicht grundsätzlich etwas am deutschen Schulsystem verändern, werden der generellen Chancenungleichheit und damit der Reproduktion sozialer Klassenunterschiede letztendlich nicht entgegenwirken können.

Zweitens müssen hohe Einstiegshürden bei Bildungsübergängen abgeschafft werden. Die Einschulung kann sich wegen sozial ungleicher Lernvoraussetzungen als hohe Einstiegshürde für untere Sozialschichten herausstellen. Deshalb können frühkindliche Förderung, vorschulische Betreuung und Ganztagsschulen – nach der Einschulung – die Bildungschancen erhöhen. Wie bereits gezeigt wurde, nahm die Kultusministerkonferenz unter anderem diese Punkte in ihren Maßnahmenkatalog mit auf, was sich in der Reduzierung der Schülerinnen und Schüler, die sich laut OECD in der Risikogruppe befinden, niederschlägt.

- Die Reduzierung der Einstiegshürden bietet ähnliche Ansatzpunkte, die auch Bourdieu in seiner Theorie einer rationalen Pädagogik benennt. Allerdings ist dieser Ansatzpunkt nicht derart ausgeprägt wie bei Bourdieu und es bei frühkindlicher Bildung oder Ganztagsschulen zu belassen, bekämpft nicht das ursächliche Problem der Bildungsungleichheit.

Drittens müsse es finanzielle Förderung für höhere Bildung geben. Stipendien und finanzielle Entlastungen haben zwar einen positiven Effekt auf Bildungsentscheidungen, jedoch sind diese begrenzt und unzureichend, um neben steigender Bildungsbeteiligung die Bildungsungleichheit beim Zugang zu höherer Bildung zu mindern. Es ist nachgewiesen, dass das Bildungsverhalten der Eltern nicht durch die Abschaffung der Schul- und Studiengebühren in den 1950er Jahren oder die Schulgeld- und Lernmittelfreiheit in den 1960er Jahren signifikant beeinflusst wurde, da angeblich dadurch die Kosten für die schulische Ausbildung nicht wesentlich dezimiert wurden.

- Die finanzielle Förderung für höhere Bildung darf in meinen Augen nicht überbewertet werden. Die Korrelation zwischen finanzieller Förderung und Bildungsbeteiligung, die keinen Zusammenhang zwischen wachsender Bildungsbeteiligung bei steigender finanzieller Förderung zeigt, muss oder darf sogar kein Indikator für nicht ausreichend finanzielle Unterstützung sein, sondern eher dafür, dass der ökonomische Faktor nicht zwangsläufig die grundsätzliche Ursache für die fehlende Partizipation an höherer Bildung ist. Sowohl die Rational-Choice-Theorie als auch Bourdieu bieten hier wesentlich bessere Ansatzpunkte (vgl. Kapitel 4.2), an denen Bildungspolitik und die Pädagogik ansetzen sollten.

Viertens sei eine Sättigung der Bildungspartizipation in den höheren Sozialschichten anzustreben. Diese Strategie würde zwar der formalen Chancengleichheit, aber nicht den Kriterien fairer Chancen im Bildungssystem entsprechen.

- Im Grunde entspricht dies keiner wirklichen Handlungsoption. Vielmehr wäre durch Bourdieus Ansatz einer rationalen Pädagogik, die Sättigung der Bildungspartizipation in den höheren Sozialschichten ohnehin hinfällig.

Alles in allem beleuchten sowohl das Boudon-Goldthorpe-Paradigma als auch Bourdieus konflikttheoretischer Ansatz die hauptsächlichen Faktoren der Bildungsungleichheit. Wie schon angedeutet ist im deutschen Bildungssystem ein Paradigmenwechsel vonnöten, der aber unbedingt an fundierten theoretischen sowie empirischen Erkenntnissen ausgerichtet sein muss. Hierbei stellt sich die Frage, wie die deutsche Bildungspolitik zu einem Paradigmenwechsel steht. Einzelne Änderungsmaßnahmen, die zudem teilweise nicht den eigentlichen Ursachen – sowohl aus systemischer als auch aus individuell-kultureller Perspektive – entgegenwirken, werden langfristig auch keine Bildungsgleichheit ermöglichen. Sollten die kommenden PISA-Studien einen weiteren Aufschwung Deutschlands im OECD-Ranking belegen, wird sich die Bildungsungleichheitsdebatte aufgrund der vermeintlichen Legitimität, die durch die Ergebnisse der PISA-Studie vergeben wird, wieder der öffentlichen Diskussion entziehen und die Bildungspolitik wird aufgrund fehlenden Problemdrucks von einem tiefgreifenden Engagement ablassen.

Kurz- bis mittelfristig sollte sich die Bildungspolitik darauf konzentrieren, präventiv zu handeln, also sowohl die Voraussetzungen für gezielte unmittelbare Förderung bei Lernschwierigkeiten schaffen als auch die Lernmotivation der Schülerinnen und Schüler positiv zu beeinflussen, anstatt zunehmend gescheiterte Bildungskarrieren über Nachqualifizierungsverfahren zu retten.

Des Weiteren kann aber nicht nur die Bildungspolitik oder die Pädagogik für ungleiche Bildungschancen verantwortlich gemacht werden. Was aus den beiden Perspektiven – sei es rationale Abwägung oder kulturelle Zugehörigkeit zu einer sozialen Klasse – deutlich wird, ist, dass die elterliche Bildungsentscheidung beziehungsweise die Bildungsaspiration innerhalb der Familien einen erheblichen Beitrag zur Bildungsungleichheit leistet. Auch an diesem Punkt müssen Möglichkeiten geschaffen werden, die Bildungsaffinität der Eltern beziehungsweise der Familien oder ganzer Sozialschichten zu erhöhen.

Der gesamten Debatte um Bildungsungleichheit liegt eine Ideologie zugrunde, die in der Bildung das Kernparadigma zur Herstellung einer offenen Gesellschaftsformation sieht. Bewiesenermaßen sind Bildungszertifikate Ausgangspunkt für individuelle Lebens-chancen und die Funktion sozialer Sortierung in eine hierarchisch gegliederte Gesellschaft ist gegenwärtig eben über das Bildungssystem legitimiert. Ob aber bei einer faktischen Chancengleichheit im Bildungssystem andere Mechanismen der sozialen Sortierung – insbesondere durch die deutschen Eliten – konstruiert werden oder aber eine wirklich von unten bis nach oben sozial offene Gesellschaft entsteht, ist Teil einer Entwicklung, die noch in ihren Startlöchern steht.

Abbildungs- und Tabellenverzeichnis

Literaturverzeichnis

Allmendinger, Jutta/Ebner, Christian/Nikolai, Rita: Soziologische Bildungsforschung, in: Rudolf Tippelt und Bernhard Schmidt (Hrsg.): *Handbuch Bildungsforschung*, 47-70. Wiesbaden: VS Verlag für Sozialwissenschaften, 2010.

Baumert, Jürgen et al.: *TIMSS. Mathematisch-naturwissenschaftlicher Unterricht im internationalen Vergleich. Deskriptive Befunde.* Opladen: Leske+Budrich, 1997.

Baumert, Jürgen/Stanat, Petra/Watermann, Rainer: *Herkunftsbedingte Disparitäten im Bildungswesen. Vertiefende Analysen im Rahmen von PISA 2000.* Wiesbaden: VS Verlag für Sozialwissenschaften, 2006.

Baumert, Jürgen/Artelt, Cordula: Konzeption und technische Grundlagen der Studie, in: Jürgen Baumert, et al. (Hrsg.): *PISA 2000 - Ein differenzierter Blick auf die Länder der Bundesrepublik Deutschland*, 11-50. Opladen: Leske + Budrich, 2003.

Becker, Rolf: Dauerhafte Bildungsungleichheiten als unerwartete Folge der Bildungsexpansion? In: Andreas Hadjar und Rolf Becker *(Hrsg.): Die Bildungsexpansion. Erwartete und unerwartete Folgen*, 27-61. Wiesbaden: VS Verlag für Sozialwissenschaften, 2006.

Becker, Rolf: Klassenlage und Bildungsentscheidungen. Eine empirische Anwendung der Wert-Erwartungstheorie. *Kölner Zeitschrift für Soziologie und Sozialpsychologie, 52,* 2000: 450-474.

Becker, Rolf/Lauterbach, Wolfgang: *Bildung als Privileg? Erklärungen und Befunde zu den Ursachen der Bildungsungleichheit.* Wiesbaden: VS Verlag für Sozialwissenschaften, 2004.

Berlin.de. 2012. Online verfügbar unter: http://www.berlin.de/sen/bildung/bildungswege/-gemeinschaftsschule/ (Zugriff am 11. Juni 2013).

Bernstein, Basil: *Sprachliche Codes und soziale Kontrolle.* Düsseldorf: Schwann, 1975.

Bos, Wilfried/Voss, Andreas/Lankes, Eva-Maria/Schwippert, Knut/Valtin, Renate/Walther, Gerd Walther: Erste Ergebnisse aus IGLU. Schülerleistungen am Ende der vierten Jahrgangsstufe im internationalen Vergleich. Zusammenfassung ausgewählter Ergebnisse, in: Bos, Wilfried/Voss, Andreas/Lankes/Prenzel, Manfred/ Schwippert, Knut/Valtin, Renate/Walther, Gerd *(Hrsg.): Erste Ergebnisse aus IGLU. Schülerleistungen* am Ende der vierten Jahrgangsstufe im internationalen Vergleich. Münster/New York/München/Berlin: Waxmann, 2003.

Bos, Wilfried/Voss, Andreas/Lankes/Prenzel, Manfred/ Schwippert, Knut/Valtin, Renate/Walther, Gerd: *Erste Ergebnisse aus IGLU. Schülerleistungen am Ende der vierten Jahrgangsstufe im internationalen Vergleich.* Münster u.a.: Waxmann, 2005.

Boudon, Raymond: *Education, opportunity and social inequality.* New York: Wiley, 1974.

Bourdieu, Pierre: *Die feinen Unterschiede. Zur Kritik der Gesellschaftlichen Urteilskraft.* Frankfurt am Main: Suhrkamp, 1982.

Bourdieu, Pierre: Ökonomisches Kapital, kulturelles Kapital und soziales Kapital, in: Kreckel, Reinhard (Hrsg.): *Soziale Ungleichheiten (Soziale Welt, Sonderband) 183-198.* Göttingen: Verlag Otto Schwartz, 1983.

Bourdieu, Pierre: *Wie die Kultur zum Bauern kommt.* Hamburg: VSA-Verlag, 2001.

Bourdieu, Pierre/ Passeron, Jean Claude: *Die Illusion der Chancengleichheit.* Stuttgart: Klett, 1971.

Bremer, Helmut: *Soziale Milieus, Habitus und Lernen. Zur sozialen Selektivität des Bildungswesens am Beispiel der Weiterbildung.* Weinheim und München: Juventa, 2007.

Bundesamt für Migration und Flüchtlinge: Schulische Bildung von Migranten in Deutschland. 2008.

Bundesministerium für Bildung und Forschung. 14. Juni 2013. Online verfügbar unter: http://www.bmbf.de/de/6142.php (Zugriff am 8. August 2013).

Bundesministerium für Bildung und Forschung: PISA-Vergleichsstudie, 2007. Online verfügbar unter: http://www.bmbf.de/pub/pisa-vergleichsstudie.pdf (Zugriff am 13. August 2013).

Diefenbach, Heike: Der Bildungserfolg von Schülern mit Migrationshintergrund im Vergleich zu Schülern ohne Migrationshintergrund, in: Becker, Rolf (Hrsg.): *Lehrbuch der Bildungssoziologie,* 433-458. Wiesbaden: VS Verlag für Sozialwissenschaften, 2009.

Diefenbach, Heike: *Kinder und Jugendliche aus Migrantenfamilien im deutschen Bildungssystem. Erklärungen und empirische Befunde.* Wiesbaden: VS Verlag für Sozialwissenschaften, 2007.

Diefenbach, Heike/Klein, Michael: Bringing boys back in. Soziale Ungleichheit zwischen den Geschlechtern im Bildungssystem zuungunsten von Jungen am Beispiel der Sekundarschulabschlüsse. *Zeitschrift für Pädagogik, 48 (6)*, 2002: 938-958.

Enggruber, Ruth: Versuch einer Typologie von "Risikogruppen" im Übergangssystem - und damit verbundene Risiken, in: Münk, D./Schmidt, C.: bwp@ Spezial 5 - Hochschultage Berufliche Bildung 2011, Workshop 15, 1-15. Online verfügbar unter: http://www.bwpat.de/ht2011/ws15/-enggruber_ws15-ht2011.pdf (Zugriff am 8. August 2013).

Fend, Helmut: *Geschichte des Bildungswesens. Der Sonderweg im europäischen Kulturraum.* Wiesbaden: VS Verlag für Sozialwissenschaften, 2006.

Gallagher, Ann M./De Lisi, Richard/Holst, Patricia C./McGillicuddy-De Lisi, Ann V./Morely, Mary/Cahalan, Cara: Gender differences in advanced mathematical problem solving. *Journal of Experimental Child Psychology, 75,* 2000: 165-190.

Geißler, Rainer: *Soziale Schichtung und Lebenschancen in Deutschland.* Stuttgart: Ferdinand Enke Verlag, 1994.

Georg, Werner: Einleitung, in: Georg, Werner (Hrsg.): *Soziale Ungleichheit im Bildungssystem. Eine empirisch theoretische Bestandsaufnahme,* 7-12. Konstanz: UVK Verlagsgesellschaft mbH, 2006.

Goldthorpe, John Harry: *On sociology: numbers, narratives and the integration of research and theory.* Oxford: Oxford University Press, 2000.

Heid, Helmut: Eliteförderung oder Chancengleichheit im Bildungswesen? In: Bolder, Axel/Witzel, Andreas (Hrsg.): *Berufsbiographien. Beiträge zu Theorie und Empirie ihrer Bedingungen, Genese und Gestaltung,* 35-50. Opladen: Leske+Budrich, 2003.

Hurrelmann, Klaus/Wolf, Hartmut K.: *Schulerfolg und Schulversagen im Jugendalter.* Weinheim/ München: Juventa Verlag, 1986.

Johnson, Sandra: The Contribution of Large-scale Assessment Programmes to Research on Gender Differences. *Educational Reserach and Evaluation, 2 (I),* 1996: 25-49.

Jungbauer-Gans, Monika: Kulturelles Kapital und Mathematikleistungen - eine Analyse der PISA 2003-Daten für Deutschland, in: Georg, Werner (Hrsg.): *Soziale Ungleichheit im Bildungssystem. Eine empirisch-theoretische Bestandsaufnahme,* 175-198. Konstanz: UVK Verlagsgesellschaft mbH, 2006.

Klemm, Klaus: Jugendliche ohne Ausbildung. Die "Kellerkinder" der Bildungsexpansion. *Zeitschrift für Pädagogik 37*, 1991: 887-898.

Knodel, Philipp/Martens, Kerstin/de Olano, Daniel/Popp, Marie: *Das PISA-Echo. Internationale Reaktionen auf die Bildungsstudie.* Frankfurt/ New York: Campus Verlag, 2010.

Köhler, Helmut: *Bildungsbeteiligung und Sozialstruktur in der Bundesrepublik. Zu Stabilität und Wandel von Bildungschancen.* Berlin: Max-Planck-Institut für Bildungsforschung, 1992.

Köhler, Helmut: *Der relative Schul- und Hochschulbesuch in der Bundesrepublik Deutschland 1952 bis 1975.* Berlin: Max-Planck-Insitut für Bildungsforschung., 1987.

Köhler, Helmut: *Neue Entwicklungen des relativen Schul- und Hochschulbesuchs. Eine Analyse der Daten für 1975 bis 1987.* Berlin: Max-Planck-Institut für Bildungsforschung, 1990.

Köller, Olaf/Klieme, Eckhard: Geschlechtsdifferenzen in den mathematisch-naturwissenschaftlichen Leistungen, in: Baumert, Jürgen/Bos, Wilfried/Lehmann, Rainer (Hrsg.): *TIMSS/III. Dritte internationale Mathematik- und Naturwissenschaftsstudie. Mathematische und naturwissenschaftliche Bildung am Ende der Schullaufbahn (Bd. 2)*, 373-404. Opladen: Leske+Budrich, 2000.

Konsortium Bildungsberichterstattung. *Bildung in Deutschland 2010. Ein indikatorengestützter Bericht mit einer Analyse zu Perspektiven des Bildungswesens im demografischen Wandel.* Bielefeld: W. Bertelsmann, 2010.

Konsortium Bildungsberichterstattung. *Bildung in Deutschland 2010. Ein indikatorengestützter Bericht mit einer Analyse zur kulturellen Bildung im Lebenslauf.* Bielefeld: W. Bertelsmann, 2012.

Konsortium Bildungsberichterstattung. *Bildung in Deutschland. Ein indikatorengestützter Bericht mit einer Analyse zu Bildung und Migration.* Bielefeld: W. Bertelsmann, 2006.

Leschinsky, Achim, und Kai S. Cortina. „Zur sozialen Einbettung bildungspolitischer Trends in der Bundesrepublik." In *Das Bildungswesen in der Bundesrepublik Deutschland*, von Kai S. Cortina, Jürgen Baumert, Achim Leschinsky, Karl Ulrich Mayer und Luitgard Trommer, 21-52. Hamburg: Rowohl Taschenbuch Verlag, 2008.

Markard, Morus. *Das Konzept (Hoch-)Begabung – Funktionskritik eines bildungspolitischen Tendenzbegriffes.* In: *Bund demokratischer Wissenschaftlerinnen und Wissenschaftler; freier Zusammenschluss von StudentInnenschaften* (Hg.). 2005. Chancengleichheit qua Geburt. Bildungsbeteiligung in Zeiten der Privatisierung sozialer Risiken. Marburg: BdWi, S. 69–71. Online: http://v4.uebergebuehr.de/de/themen/hochschulreform/eliteuniversitaeten/vertiefungstexte /konzept-hoch-begabung/ (Zugriff am 18. August 2013).

Müller, Walter. *Bildung und soziale Ungleichheit [Vortragsfolien].* Referat auf der Fachtagung der Hans-Böckler-Stiftung, November . 2004.

Müller, Walter, und Reinhard Pollak. „Weshalb gibt es so wenige Arbeiterkinder in Deutschlands Universitäten?" In *Bildung als Privileg? Erklärungen und Befunde zu den Ursachen der Bildungsungleichheit*, von Rolf Becker und Wolfgang Lauterbach, 311-352. Wiesbaden: VS Verlag für Sozialwissenschaften, 2004.

Münch, Richard. *Globale Eliten, lokale Autoritäten.* Frankfurt am Main: Suhrkamp, 2009.

OECD. *Participating countries.* http://www.oecd.org/pisa/participatingcountrieseconomies/ (Zugriff am 24. Juni 2013).

—. „PISA 2009 Ergebnisse: Lernfortschritte im globalen Wettbewerb - Veränderungen bei den Schülerleistungen seit 2000 (Band V)." *PISA, OECD Publishing.* 2011. http://dx.doi.org/10.1787/9789264098077-de (Zugriff am 2. Juli 2013).

Rodax, Klaus. *Strukturwandel der Bildungsbeteiligung. Eine Bestandsaufnahme im Spiegel der amtlichen Bildungsstatistik.* Darmstadt: Wissenschaftliche Buchgesellschaft, 1989.

Solga, Heike. „Bildungsarmut und Ausbildungslosigkeit in der Bildungs- und Wissensgesellschaft." In *Lehrbuch der Bildungssoziologie*, von Rolf Becker, 395-432. Wiesbaden: VS Verlag für Sozialwissenschaften, 2009.

Solga, Heike, und Sandra Wagner. „Paradoxie der Bildungsexpansion. Die doppelte Benachteiligung von Hauptschülern." *Zeitschrift für Erziehungswissenschaft 4*, 2001: 107-129.

Stanat, Petra. „Schulleistungen von Jugendlichen mit Migrationshintergrund: Die Rolle der Zusammensetzung der Schülerschaft." In *Herkunftsbedingte Disparitäten im Bildungswesen. Vertiefende Analysen im Rahmen von PISA 2000*, von Jürgen Baumert,

Petra Stanat und Rainer Watermann, 189-220. Wiesbaden: VS Verlag für Sozialwissenschaften, 2006.

Stanat, Petra, et al. „PISA und PISA-E: Zusammenfassung der bereits vorliegenden Befunde." In *PISA 2000 - Ein differenzierter Blick auf die Länder der Bundesrepublik Deutschland*, von Deutsches PISA-Konsortium, 51-70. Opladen: Leske + Budrich, 2003.

Statistisches Bundesamt. *BMBF.* Januar 2013. http://www.datenportal.bmbf.de/portal/de/Tabelle-2.3.30.html (Zugriff am 4. Juni 2013).

Statistisches Bundesamt. *Bildung und Kultur. Allgemeinbildende Schulen.* Wiesbaden: Statistisches Bundesamt, 2012.

Statistisches Bundesamt. *Fachserie 1, Reihe 2.2 Bevölkerung und Erwerbstätigkeit, Bevölkerung mit Migrationshintergrund.* Wiesbaden: Statistisches Bundesamt, 2010.

Statista 2008. http://de.statista.com/statistik/daten/studie/245651/umfrage/http://de.statista .com/statistik/daten/studie/156911/umfrage/schueler-mit-und-ohne-migrationshintergrund-2008-schulform/ (Zugriff am 25. Juni 2013).

Vester, Micheal. „Die ständische Kanalisierung der Bildungschancen. Bildung und soziale Ungleichheit zwischen Boudon und Bourdieu." In *Soziale Ungleichheit im Bildungssystem. Eine empirisch theoretische Bestandsaufnahme*, von Werner Georg, 13-54. Konstanz: UVK Verlagsgesellschaft mbH, 2006.

Anhang: *Tabelle 3: Schüler und Schülerinnen nach Bildungsgängen und Bundesländern im Schuljahr 2011/2012 [ausgenommen: Schulartunabhängige Orientierungsstufen, Abendschulen und Kollegs] (Quelle: Statistisches Bundesamt 2012)*

	Baden-Württemberg	Bayern	Berlin	Brandenburg	Bremen	Hamburg	Hessen	Mecklenburg-Vorpommern
Schüler Sekundarstufe I	816.285	901.765	175.340	105.226	45.560	119.676	421.324	83.077
Hauptschulen	146.564	213.958	5.434		26		25.060	
Gesamtanteil	18,00%	23,70%	3,10%		0,10%		5,90%	
Realschulen	245.006	266.140	10.536				84.055	
Gesamtanteil	30,00%	29,50%	6,00%				20,00%	
Gymnasien	344.002	355.552	80.774	51.482	22.131	53.027	208.416	28.354
Gesamtanteil	42,10%	39,40%	46,10%	48,90%	48,60%	44,30%	49,50%	34,10%
Integrierte Gesamtschulen	4.256	2.053	63.928	13.963	14.612	51.666	72.622	6.184
Gesamtanteil	0,50%	0,20%	36,50%	13,30%	32,10%	43,20%	17,20%	7,40%
Schularten mit mehreren Bildungsgängen				28.969	6.298	5.778	1.140	38.557
Gesamtanteil				27,50%	13,80%	4,80%	0,30%	46,40%
Freie Walldorf-schulen	23.635	8.089	3.785	1.179	952	3.053	5.119	917
Gesamtanteil	2,90%	0,90%	2,20%	1,10%	2,10%	2,60%	1,20%	1,1%
Förderschulen	52.822	55.973	10.883	9.633	1.541	6.152	24.912	9.065
Gesamtanteil	6,50%	6,20%	6,20%	9,20%	3,40%	5,10%	5,90%	10,90%
	816.285	901.765	175.340	105.226	45.560	119.676	421.324	83.077
	100,00%	100,00%	100,00%	100,00%	100,00%	100,00%	100,00%	100,00%

	Niedersachsen	Nordrhein-Westfahlen	Rheinland-Pfalz	Saarland	Sachsen	Sachsen-Anhalt	Schleswig-Holstein	Thüringen
Schüler Sekundarstufe I	600.902	1.435.820	299.698	64.778	195.917	111.357	211.670	111.355
Hauptschulen	75.019	175.349	5.210	255			9.879	
Gesamtanteil	12,50%	12,20%	1,70%	0,40%			4,70%	
Realschulen	177.310	308.860	10.350	1.317			26.430	
Gesamtanteil	29,50%	21,50%	3,50%	2,00%			12,50%	
Gymnasien	253.495	598.762	138.070	26.919	85.585	48.459	88.528	49.572
Gesamtanteil	42,20%	41,70%	46,10%	41,60%	43,70%	43,50%	41,80%	44,50%
Integrierte Gesamtschulen	45.289	241.131	35.754	12.547		2.965	60.381	5.324
Gesamtanteil	7,50%	16,80%	11,90%	19,40%		2,70%	28,50%	4,80%
Schularten mit mehreren Bildungsgängen	8.236	1.154	93.036	18.668	89.968	47.104	14.149	46.842
Gesamtanteil	1,40%	0,10%	31,00%	28,80%	45,90%	42,30%	6,70%	42,10%
Freie Walldorfschulen	7.137	15.759	2.455	1.334	1.426	718	4.781	1.236
Gesamtanteil	1,20%	1,10%	0,80%	2,10%	0,70%	0,60%	2,30%	1,10%
Förderschulen	34.416	94.805	14.823	3.738	18.938	12.111	7.522	8.381
Gesamtanteil	5,70%	6,60%	4,90%	5,80%	9,70%	10,90%	3,60%	7,50%
	600.902	1.435.820	299.698	64.778	195.917	111.357	211.670	111.355
	100,00%	100,00%	100,00%	100,%	100,00%	100,00%	100,00%	100,00%

Lightning Source UK Ltd.
Milton Keynes UK
UKHW040744281118
333086UK00001B/103/P